DIANA SEGUÍ

365 CURIOSIDADES INCREÍBLES sobre el DEPORTE

MOLINO

ÍNDICE

JUEGOS OLÍMPICOS

Juegos Olímpicos de la Antigüedad

1

El evento más importante del calendario griego

No era otro que el de los Juegos Olímpicos, que se iniciaron en torno al año 776 a. C. en Olimpia, en el Peloponeso occidental, y se alargaron hasta el 393 d. C, cuando Teodosio I los canceló por considerarlos un ritual pagano.

Un evento sin parangón que incluso podía «aplazar» una guerra. Este fue el ejemplo que relata Paul Christesen, profesor de Historia de la Antigua Grecia en el Darthmouth College (EE. UU.). En el año 480 a. C, cuando los persas invadieron Grecia, las ciudades-Estado griegas debían reunir a un ejército aliado para hacer frente a la ofensiva, pero fue imposible debido a que los ciudadanos querían acudir a los Juegos Olímpicos, así que la formación del ejército para defender el país tuvo que retrasarse hasta que los Juegos finalizaron.

2

Los deportes de la Antigüedad

Desde que los Juegos se iniciaron en el 776 a. C. se celebraron cada cuatro años sin descanso entre los meses de julio, agosto y septiembre.

Los deportes de los Juegos Olímpicos del siglo V a. C. eran carreras pedestres, saltos y lanzamiento de peso y jabalina, boxeo, lucha libre y pancracio, eventos hípicos y pentatlón. El estadio se abarrotaba de asistentes: unos 40.000 espectadores acudían a disfrutar del espectáculo a diario, especialmente en la época de mayor popularidad, que alcanzó su punto culminante en el siglo II d. C.

3

Los deportistas de los Juegos antiguos

Los primeros deportistas de los Juegos eran nobles y aristócratas: aquellos que podían costearse el viaje hasta Olimpia, la estancia y los entrenamientos, que podían dedicarse a tiempo completo y que poseían instalaciones para la práctica del deporte. De ahí que, inicialmente, se considerara que en los Juegos competían profesionales.

Sin embargo, cuando las ciudades-Estado empezaron a abrir los gimnasios públicos, las demás clases sociales pudieron iniciarse en la práctica del deporte y participar en las competiciones.

4

Tregua Sagrada

Durante la Tregua Sagrada, que los mensajeros de la paz (llamados «espondóforos») anunciaban en las ciudades griegas en cuanto se aproximaba la fecha de celebración de los Juegos, las guerras se paralizaban y tanto los atletas como los espectadores que acudían a Olimpia a presenciar el evento gozaban de inmunidad, no solo en la sede de los Juegos, sino también durante los trayectos de ida y de regreso. Cualquier acto bélico era sancionado.

5

Maratones inventadas

Aunque parezca mentira, pues la maratón parece tener una historia muy arraigada en los Juegos Olímpicos de la Antigüedad, esta prueba no es más que una invención posterior, concretamente del siglo XIX.

Se celebraban carreras, pero no superaban los 5 km y se corrían en una pista de arena que no tenía calles. Se disputaban varios tipos de carreras, la originaria consistía únicamente en recorrer la longitud del estadio en línea recta; a partir del año 724 a. C. surgió la carrera denominada de «doble estadio», que consistía en recorrer el estadio dos veces: para ello, al inicio y al final de la pista se disponían unos postes que marcaban dónde debían dar la vuelta los atletas; por último, la carrera larga, que se incorporó en la siguiente Olimpiada, consistía en dar varias vueltas al estadio. No se sabe con exactitud cuántas, aunque según las distintas fuentes serían entre siete y veinticuatro.

6

Atletas al desnudo

Así es, los atletas competían desnudos salvo en las carreras de carros. Esta tradición se inició en el año 720 a. C. y, según la leyenda más extendida, Orsippus de Megara perdió su taparrabos mientras competía en una carrera; no se detuvo a recogerlo, lo que probablemente hizo que ganara. Aunque no se sabe a ciencia cierta cuál fue la verdadera razón, sí se sabe que el cuerpo era símbolo de perfección en la antigua Grecia y lo exhibían en honor a los dioses.

7

Carrera de hoplitas

Esta fue una de las últimas carreras en incorporarse al programa olímpico (a finales del siglo VI). Veinticinco atletas corrían dos tramos del estadio —el de Olimpia tenía 192 metros de longitud— como verdaderos hoplitas (soldados griegos de infantería) equipados con la armadura hoplita: grebas, casco y escudo, que en total debían de pesar unos 14 kilos. Más adelante, sin embargo, empezaron a correr portando tan solo el escudo.

Cabe decir que, pese a este armamento, no podía considerarse que compitieran vestidos; al contrario, solo estos enseres cubrían su cuerpo, pues debajo iban totalmente desnudos.

8

Pruebas violentas

Las competiciones más violentas eran las de lucha, especialmente las de pancracio, una especie de arte marcial que combinaba boxeo con lucha libre y que gozaba de gran popularidad. Las únicas restricciones de este deporte eran las de no golpear en los genitales, morder a los oponentes, hacer piquetes de ojos o meter los dedos en la nariz. La competición se prolongaba hasta que uno de los contrincantes no podía continuar el combate o hasta que se rendía, algo que debía anunciar levantando el dedo índice. Algunos, sin embargo, fallecían antes siquiera de poder alzarlo.

9

Pugilato sin piedad

El boxeo también era mucho más duro que el que conocemos hoy: no se hacía distinción por peso, no existían los asaltos ni había límite de tiempo, y, en el combate, los oponentes usaban cintas de cuero que llevaban amarradas en los antebrazos y las manos para proteger los puños (con el tiempo, sobre el siglo IV a. C., las manos se protegían con una especie de guantes atados a las muñecas y podían incluir elementos metálicos, con lo que los golpes eran más fuertes). El combate finalizaba cuando uno de los contrincantes caía noqueado; pero, como podían alargarse mucho, se creó el clímax, un método según el cual los adversarios debían resistir alternativamente el golpe de su oponente sin moverse. La competición acababa cuando uno de los dos aceptaba su derrota y alzaba el brazo.

10

La competición más atlética

Esta fue, sin duda, la del pentatlón, que se introdujo en el programa de los Juegos en torno al 708 a. C. Comprendía cinco deportes: carrera, lucha, lanzamiento de disco y jabalina, y salto. Tanto las competiciones de lanzamiento como el salto se disputaban en el estadio. Para el salto se disponía de un foso y se solían emplear las halteras, que eran unas pesas que los atletas llevaban en las manos y que les permitían aumentar la distancia y caer con mayor precisión. La medida del salto se tomaba trazando una raya o usando una estaca, el mismo método que se empleaba para medir la distancia que alcanzaba el disco al ser lanzado.

11

Asistencia femenina

Mucho se ha hablado sobre el derecho de las mujeres a asistir a los Juegos Olímpicos. Si bien es cierto que no todas podían presenciar las competiciones (las mujeres casadas tenían prohibida la entrada), no era así para las solteras, que, a menudo, acudían acompañando a sus padres para conocer a los atletas. Incluso había mujeres que competían con el pecho derecho al descubierto en honor a las amazonas.

12

Ganadoras en las pruebas hípicas

Las carreras hípicas fueron competiciones en que las mujeres consiguieron premios, pero no porque ellas fueran las jinetes: en estas competiciones, no era el auriga quien ganaba, sino el propietario o la propietaria del caballo que competía. De este modo, podría decirse que estas pruebas eran las que menos respetaban la igualdad que fomentaban los Juegos de la Antigüedad, pues los poseedores de los caballos vencedores eran siempre personas adineradas.

13

Carreras de carros

Era uno de los eventos más emocionantes y el que más tiempo perduró en los Juegos Olímpicos de la Antigüedad. Pese a que no se incorporaron hasta el 680 a. C., la velocidad y el riesgo de las colisiones y caídas mantenían al público en vilo, como la Fórmula 1 en nuestros días.

Participaron y vencieron personalidades de lo más conocidas, desde aristócratas y monarcas, como Filipo II, rey de Macedonia, que compitió en las carreras de cuadrigas en el 356 a. C., hasta el mismísimo emperador Nerón, que disputó una carrera de cuadrigas tiradas por diez caballos en el año 67 d. C.

De la intervención del emperador se cuenta que intentó sobornar a sus contrincantes para que se retiraran de la competición; fuera como fuese, le concedieron la victoria sin que hubiera finalizado la carrera, pues se cayó antes de cruzar la línea de meta. Su argumento no fue otro que el de decir que igualmente se hubiera proclamado vencedor en caso de que hubiera concluido la carrera.

14

Juego limpio

El primer día en que se celebraban los Juegos, los atletas juraban que competirían limpiamente, ciñéndose a las reglas. Los jueces también juraban que serían objetivos y no aceptarían sobornos. Sin embargo, no faltaban las tretas para obtener la victoria: desde luchadores que se untaban con aceites para evadirse de sus oponentes hasta sobornos a sus contrincantes y a los jueces.

Los atletas a los que pillaban haciendo trampas no quedaban impunes: los jueces eran muy estrictos y los castigos eran despiadados. Por una salida en falso, bien podían imponerse cuantiosas multas, o bien podía merecer unos latigazos en público. A modo de escarnio y a la vista de todos, en los pedestales sobre los que se erguían las estatuas que flanqueaban la ruta que los atletas debían recorrer para entrar en el estadio, se inscribían los nombres de los tramposos.

15

Premios para los ganadores

En los Juegos Olímpicos modernos, los atletas que ocupan el primer, segundo y tercer lugar reciben, respectivamente, la medalla de oro, plata y bronce. Sin embargo, en los Juegos Panhelénicos solo podía haber un ganador, cuyo premio era una corona elaborada con distintas plantas según el lugar:

- En Olimpia, donde se celebraban los Juegos Olímpicos en honor a Zeus, la corona era de olivo.
- En Delfos, se celebraban los Juegos Píticos, en honor al dios Apolo, y los vencedores ganaban una corona de laurel.
- En Corinto, en los Juegos Ístmicos, en honor a Poseidón, el premio era una corona de pino.
- En Nemea, en los Juegos Nemeos, en honor a Zeus y Heracles, se premiaba con una corona de apio silvestre.

No se otorgaba más premio que la corona, que se consideraba suficiente porque no se competía para conseguir riquezas, sino para complacer a los dioses; sin embargo, el atleta ganador era recibido en su ciudad con todo tipo de honores: le hacían regalos y podía disfrutar de los privilegios del atleta, pues el hecho de ser el vencedor proporcionaba a la ciudad mucho prestigio.

Juegos Olímpicos de la era moderna

16

Amateurs sin recompensa

Se inician en 1894, en el Congreso Internacional de París. El objetivo del barón Pierre de Coubertin, fundador del Comité Olímpico Internacional (COI), no era otro que el de garantizar el fin último de esta competición deportiva: que, además de constituir un valioso medio educativo, favoreciera la paz y la unidad entre los distintos países y culturas del mundo.

De ahí que uno de los debates clave de dicho congreso se centrara en los atletas y en su remuneración económica: ¿debían o no ser profesionales? ¿Y debían cobrar por sus méritos? Coubertin era de la opinión de que el dinero corrompe, por lo que los atletas debían ser amateurs y no cobrar por sus hazañas. Aunque parezca mentira, así se iniciaron los Juegos Olímpicos modernos y bajo esa premisa se siguieron celebrando hasta pasados cien años.

17

Sede de los Juegos modernos

Los primeros Juegos Olímpicos de la era moderna no podían contar con otra sede que no fuera la griega Atenas, teniendo en cuenta que Coubertin había concebido la idea de revivirlos al estilo de los clásicos.

Debido a problemas económicos, no fueron pocas las vicisitudes de mantener la ciudad griega como sede de los primeros Juegos Olímpicos, pero la elección satisfizo a la realeza griega hasta el punto de que el príncipe Constantino recurrió al griego George Averoff, comerciante, banquero y rico empresario, para que asumiera los costes del reacondicionamiento del estadio de mármol blanco Panathinaikó, donde se inauguraron el 6 de abril de 1896 con más de 50.000 espectadores. Sin la financiación de Averoff, hubiera sido imposible estrenar los nuevos Juegos en Grecia; el primer ministro Tricoupis llegó incluso a dimitir tras negarse a invertir los fondos del Estado en la organización del evento.

18

Primeros participantes

En Atenas 1896 participaron 241 atletas masculinos de 14 países que se retaron en 43 competiciones de 9 deportes olímpicos: atletismo, ciclismo, esgrima, gimnasia artística, halterofilia, lucha, natación, tenis y tiro.

Como era de esperar, el país con mayor representación fue Grecia, así como el que mayor cantidad de medallas obtuvo: la nada desdeñable cifra de 47. El ganador recibía una medalla de plata, un ramo de olivo y un diploma, y el segundo clasificado, una medalla de cobre, una rama de laurel y un diploma. No se otorgaron medallas de oro por los problemas económicos.

El primer campeón olímpico después de mil quinientos años fue el americano James Connolly, que destacó por su triple salto en la disciplina de atletismo.

19

Oro parece, plata es

Así es, no todo lo que reluce es oro... Hasta los Juegos de San Luis 1904, el más alto logro de los atletas no se había visto recompensado con el oro; sin embargo, una vez arrancada la tradición de hacer entrega de medallas de oro, plata y bronce a los primeros clasificados, cabe decir que tampoco las medallas de oro son de oro.

¿De qué están hechas, pues? Las medallas de los ganadores ¡son de plata! Tan solo llevan un baño de un mínimo de 6 gramos de oro puro para cumplir las reglas establecidas por el COI.

Por contra, las medallas de plata sí tienen una pureza mínima de este metal del 92,5 % y las de bronce están fabricadas de una aleación de cobre y de otro metal, que puede ser zinc o estaño.

20

La Carta Olímpica

La Carta Olímpica recoge los principios fundamentales y los valores del olimpismo. Regula las normas y constituye los estatutos adoptados por el COI. El punto de partida fue un documento escrito por Pierre de Coubertin en 1898, que no se publicó hasta 1908 con el título *Annuaire du*

Comité International Olympique. Fue cambiando de nombre a lo largo de los años, hasta que, en 1978, adoptó el actual de Carta Olímpica.

21

Deportes olímpicos

El programa de los «nuevos» Juegos Olímpicos contemplaba competiciones en tan solo nueve deportes, pero con distintas disciplinas. En los Juegos de hoy, los deportes y las disciplinas de cada edición pueden variar. Pero ¿quién decide qué deportes y pruebas se incluyen en cada programa?

El programa se establece cuando el COI revisa el de la edición anterior y comprueba qué deportes cumplen los requisitos de la Carta Olímpica, el Código Mundial Antidopaje y el Código del Movimiento Olímpico sobre Prevención de Manipulación de Competiciones.

La Asamblea General de los miembros del COI, llamada Sesión, es el órgano supremo y quien decide el programa de cada edición siete años antes de que se celebren o cuando se determina cuál será la sede. Sin embargo, el programa puede modificarse si así lo propone la Comisión Ejecutiva del COI y una vez que lo consensúe con la federación deportiva internacional y el Comité Organizador de los Juegos Olímpicos que corresponda, como muy tarde tres años antes de que tenga lugar el evento.

Así pues, desde que arrancaran los Juegos Olímpicos de la era moderna, tan solo cuatro deportes se han mantenido en todas las ediciones: atletismo, esgrima, gimnasia artística y natación.

22

Las artes en los Juegos

En la antigua Grecia, el programa de los Juegos contemplaba disciplinas artísticas, como la música y el canto, y Pierre de Coubertin, afanoso de resucitar las Olimpiadas al estilo de los clásicos, propuso que las artes formaran parte del evento. En 1906 se debatió en el Congreso Olímpico y, en 1912, se materializó en la edición de Estocolmo. Música, literatura, pintura, escultura y arquitectura formaron parte del programa moderno; sin embargo, valorar la calidad artística entrañaba una gran dificultad, lo que hizo que la idea se abandonara en 1948.

23

Símbolo olímpico

Los anillos son, sin duda, el símbolo olímpico por excelencia. ¿Su artífice? Pierre de Coubertin; sin embargo, no se utilizaron junto con los recién estrenados Juegos Olímpicos de 1896, sino unos cuantos años más tarde. Se vieron por primera vez en 1913, en una carta escrita por el barón, que los dibujó y coloreó a mano, e hicieron su debut de manera oficial en los Juegos de Bélgica 1920.

Sus colores son, de izquierda a derecha, el azul, el amarillo, el negro, el verde y el rojo. El motivo de su elección es bien sencillo: porque se quería que todos los colores de las banderas de todos los países tuvieran su representación y se presentan entrelazados como símbolo de unión de los cinco continentes.

24

El relevo de la antorcha

Aunque con mucha probabilidad en los Juegos Olímpicos de la Antigüedad existían altares y santuarios que mantenían la llama encendida, el relevo de la antorcha es algo bastante reciente: los Juegos de Verano de 1936. Durante doce días fue de mano en mano en un recorrido que abarcó los 3.000 km; nació como un símbolo de unidad internacional que mostraba el poder de la Alemania nazi.

25

Himno olímpico

A diferencia de los anillos como expresión representativa de los Juegos Olímpicos, el himno compuesto por Spyridon Samaras (música) y Kostis Palamas (letra) sí se utilizó por primera vez en los Juegos de Atenas 1896. Sin embargo, no se convirtió en himno oficial hasta que el COI así lo determinó en la Sesión de 1958. Hasta 1960 fueron varias las propuestas que se escucharon en las ceremonias de inauguración.

26

Juramento olímpico

No fue hasta los Juegos de 1920, celebrados en Amberes, cuando los atletas pronunciaron por primera vez el juramento olímpico. Los jueces, sin embargo, aún se demorarían más y no lo harían hasta 1972, en los Juegos Olímpicos de Múnich.

El juramento que Pierre de Coubertin escribió se ha ido modificando meticulosamente con el paso de los años. El último cambio, con el objetivo de conceder más importancia a los conceptos de igualdad, inclusión y no discriminación, se introdujo en los Juegos de Tokio 2020, cuya inauguración se retrasó un año por causa de la pandemia mundial de la COVID. Así, en la ceremonia de apertura pudimos escuchar cómo dos atletas, dos entrenadores y dos jueces juraban lo siguiente:

«En nombre de los atletas / jueces / entrenadores, prometemos participar en estos Juegos Olímpicos, respetando y cumpliendo las reglas, y con el espíritu del juego limpio, la inclusión y la igualdad. Juntos somos solidarios y nos comprometemos con un deporte sin dopaje, sin trampas, sin ningún tipo de discriminación. Lo hacemos por el honor de nuestros equipos, por respeto a los principios fundamentales del olimpismo y para hacer del mundo un lugar mejor a través del deporte».

27

Non stop

Desde el «renacimiento» de los Juegos Olímpicos modernos en 1896, en Atenas, donde de nuevo se encendió la antorcha tras mil quinientos años de olvido, esta competición se ha celebrado sin descanso cada cuatro años.

Tan solo en tres ocasiones se ha visto interrumpida debido a dos acontecimientos históricos: la edición de 1916, con motivo de la Primera Guerra Mundial (1914-1919), y los Juegos de 1940 y 1944, por culpa de la Segunda Guerra Mundial (1939-1945).

Otro traspié con el que se topó, aunque no impidió que se celebrara, fue el aplazamiento sufrido a causa de la pandemia del coronavirus: en lugar de disputarse en 2020 en Tokio, hubo de hacerlo en agosto de 2021. Esta ha sido la primera vez que unos Juegos Olímpicos se han aplazado.

28

Las sedes más repetidas

Desde que arrancaron los Juegos Olímpicos de la era moderna en 1896, se han celebrado 29 ediciones. Si contamos una por cada 4 años, salen un total de 32, pero hay que tener en cuenta que hubo 3 que no pudieron llevarse a cabo debido a los enfrentamientos bélicos (1916, 1940 y 1944).

De estas 29 ediciones, Estados Unidos y Reino Unido son los países que en más ocasiones han sido anfitriones. Cuatro veces en Estados Unidos: San Luis 1904, Los Ángeles 1932 y 1984, y Atlanta 1996. Cuatro veces en Reino Unido, todas ellas en Londres (1908, 1944, 1948, 2012).

29

Juegos Olímpicos de Invierno

Tras varias ediciones de los Juegos de la Olimpiada (como se denominan los Juegos Olímpicos que se celebran en verano), en 1924 se realizaron en Chamonix (Francia) los primeros Juegos Olímpicos de Invierno; originariamente conocidos como la Semana Internacional de Deportes de Invierno. Dichos juegos, en la Sesión del COI de 1926, celebrada en Lisboa, se reconocieron como los primeros Juegos Olímpicos de Invierno (que incluyen deportes que se practican sobre nieve y hielo). Participaron 258 atletas en un total de 9 deportes.

30

Baile de fechas

A diferencia de los Juegos de la edición veraniega, que se celebran en el primer año de una olimpiada —es decir, el periodo de cuatro años consecutivos que se inicia el 1 de enero del primer año y acaba el 31 de diciembre del cuarto año—, los Juegos Olímpicos de Invierno se celebran el tercer año. El motivo es que, en la Sesión de 1986, el COI decidió que los Juegos de la Olimpiada y los Juegos de Invierno no debían celebrarse el mismo año, como se había hecho desde 1924 hasta 1992. Ambos seguían celebrándose cada cuatro años, pero con un intervalo de dos años entre los primeros y los segundos.

31

Llama olímpica

La llama olímpica, otro de los símbolos representativos de los Juegos Olímpicos, en la era moderna no se encendió hasta la edición de Ámsterdam 1928.

32

Participación femenina

París, año 1900: en el contexto de la Exposición Universal celebrada en la capital francesa y en unos Juegos singulares debido a su extensa duración de 5 meses, las mujeres hicieron su debut en la cita olímpica. Fueron 22 las atletas femeninas —de un total de 997 deportistas— las que compitieron en 5 deportes: cróquet, golf, hípica, tenis y vela. Solo en golf y en tenis existía una categoría exclusiva para las mujeres; en cróquet, hípica y vela, las pruebas eran mixtas.

Las primeras en participar fueron las francesas Jeanne Filleaul Brohy y Marie Ohnier, que se estrenaron en cróquet. En este deporte solo compitieron deportistas franceses (hombres y mujeres) y el único espectador fue un inglés que viajó desde Niza para acudir al evento.

33

Solo para mujeres

Tres son los deportes olímpicos en los que únicamente pueden competir las mujeres. Uno de ellos es la gimnasia rítmica, que se incluyó en el programa olímpico por primera vez en la edición de Los Ángeles 1984. También en esta edición se introdujo la natación artística (o sincronizada), el segundo deporte asociado solo a las mujeres, aunque no siempre fue practicado solo por ellas. De hecho, en París 2024, se abrió la posibilidad de que los hombres pudiesen participar en esta disciplina, aunque finalmente ninguno de los dos favoritos (Bill May, de Estados Unidos, y Giorgio Minisini, de Italia) fue seleccionado por sus países. El sóftbol, por último, hizo su aparición en los Juegos Olímpicos en Atlanta 1996 y fue presentado solo para mujeres porque se consideraba que era el equivalente femenino del béisbol.

34

El debut de los españoles

Los españoles debutaron en la segunda edición de los Juegos Olímpicos, en París 1900. Esta edición fue, sin duda, una de las más caóticas, pues al celebrarse en el contexto de la Exposición Universal resultó complicado dilucidar qué pruebas pertenecían al programa olímpico y cuáles no.

Fueron ocho los deportistas que participaron en un total de tres deportes. En esgrima, Mauricio Álvarez de las Asturias Bohorques y Ponce de Léon (duque de Gor) compitió en las disciplinas de espada, sable y florete. En remo, Juan Camps y Mas, José Fornica, Ricardo Margarit Calvet y Orestes Quintana hicieron la prueba de cuatro con timonel, mientras que Antonio Vela Vivó hizo la de *scull* y cuatro sin timonel. Por último, los ganadores indiscutibles del primer oro olímpico español: Francisco Villota y Baquiola y José Amézola y Aspizúa, en la modalidad de cestas dobles de pelota vasca.

Decimos «indiscutibles» porque este triunfo no fue reconocido por el COI hasta 2004 y gracias a un estudio de Bill Mallon. Inicialmente se había otorgado el título de primer medallista olímpico español a Pedro Pidal, que competía en tiro al pichón. El hecho de que participara en una competición profesional dotada con cinco mil francos como premio lo descartó como ganador, porque incumplía una de las normas de la organización: la de que los deportistas debían ser amateurs.

35

La antorcha olímpica de paseo por el espacio

En 2013, como parte de los preparativos para los Juegos de Sochi 2014, la antorcha olímpica se embarcó en la nave rusa Soyuz TMA-11M para ir a la Estación Espacial Internacional. No era la primera vez que llegaba al espacio —ya lo había hecho en dos ocasiones anteriormente, en 1996 y en 2000—, pero, esta vez, también dio un paseo espacial de la mano de los cosmonautas rusos Oleg Kotov y Serguéi Riazanski, que se la pasaron de mano a mano a modo de relevo. La antorcha, evidentemente, estaba apagada.

36

Medallas ecológicas

Que las medallas de oro no son realmente de oro ahora ya lo sabemos, pero ¿te imaginas unas medallas fabricadas con residuos de componentes electrónicos reciclados? ¡Pues también existen!

Esta fue la iniciativa emprendida por el Comité Olímpico Japonés en los Juegos Olímpicos de Tokio 2020. Empujado por el afán de reducir la huella de carbono, inició una campaña para que los ciudadanos donasen sus viejos dispositivos electrónicos. Logró obtener 78.985 toneladas entre teléfonos móviles, portátiles, ordenadores y cámaras digitales, de las que pudieron extraerse 32 kg de oro, 3.500 kg de plata y 2.200 kg de bronce. Todo ese material se reutilizó para fabricar las 5.000 medallas de esa edición de los Juegos. Un hito muy significativo en pro del medioambiente y la sostenibilidad.

37

Récords al límite

¿Llegará un momento en la historia de la humanidad que no podremos correr más rápido, saltar más alto o ser más fuertes, como predica el eslogan olímpico *Citius, altius, fortius*? Pues así lo confirma un estudio realizado por el Instituto de Investigación Biomédica y Epidemiológica del Deporte en Francia, tras analizar 3.263 récords mundiales desde 1896, cuando se empezó a usar el cronometraje. Según dicho estudio, se estima que, para 2060, el ser humano habrá alcanzado su límite físico y será prácticamente imposible batir nuevos récords mundiales.

38

París 2024, en pro de la paridad de género

Por primera vez en la historia, en la edición de los Juegos de París 2024, hubo la misma disponibilidad de plazas para hombres que para mujeres, con lo que se consiguió la paridad de género plena en este aspecto; asimismo, 28 de los 32 deportes fueron iguales para ambos géneros y también el medallero estuvo más equilibrado, pues se disputaron 157 pruebas masculinas, 152 femeninas y 20 mixtas.

Juegos Paralímpicos

39

Los primeros

Aunque antes de celebrarse los Juegos Paralímpicos tal y como los conocemos ya se había creado el Movimiento Paralímpico, gracias a una competición organizada en 1948 por Ludwig Guttmann (un médico judío que había huido de la Alemania nazi) y en la que participaban 16 veteranos de la Segunda Guerra Mundial con lesiones de médula, estos Juegos iniciaron realmente su andadura en Roma en 1960: 23 fueron los países participantes y 400 los deportistas que compitieron en 8 deportes: atletismo, billar, dardos, natación, tenis de mesa, tiro con arco y baloncesto y esgrima en silla de ruedas..

40

Sedes de los Juegos Paralímpicos

Desde que se iniciaron, los Juegos Paralímpicos se han disputado con una periodicidad de cuatro años que ha coincidido con los Juegos Olímpicos. A partir de 1964, con los Juegos de Tokio, se empezaron a celebrar en distintas ciudades, pero, desde 1992, Juegos Paralímpicos y Juegos Olímpicos se celebraron ya en la misma sede. De hecho, en 2011, el Comité Olímpico Internacional y el Comité Paralímpico Internacional firmaron un acuerdo por el que las ciudades que presentaran una candidatura para albergar los Juegos Olímpicos también debían incluir los Paralímpicos; este acuerdo se hizo efectivo en 2010.

41

Tokio al cuadrado

Tokio ha sido la única ciudad que ha acogido los Juegos Paralímpicos en dos ocasiones. La primera fue en la segunda edición de estos Juegos, en 1964; la segunda, en 2020.

42

Paralelos a los Olímpicos

La denominación de Juegos Paralímpicos no se acuñó hasta la edición de Tokio 1964. Cuando se iniciaron se conocían con el nombre de Olimpiadas para Minusválidos. El término «paralímpico» proviene de la preposición griega «para», que significa «al lado», y de la palabra «olímpico», que proviene de Olimpia, la ciudad de la antigua Grecia. Por lo tanto, podría decirse que «paralímpico» significa «paralelos a los Olímpicos».

43

Juegos Paralímpicos de Invierno

La primera edición tuvo lugar en Ornskoldsvik (Suecia), en 1976. Tras la Segunda Guerra Mundial, soldados y civiles que habían sido heridos durante la contienda y que presentaban alguna discapacidad empezaron a practicar esquí. Se probaron las primeras prótesis y se mejoró el diseño del equipamiento para practicar ese deporte; en la década de los setenta se iniciaron las primeras competiciones y, en 1974, un Campeonato Mundial; de aquí se llegó a los Juegos Paralímpicos.

44

Deportes únicos en los Juegos Paralímpicos

Solo hay dos deportes en los que se haya competido en exclusiva en los Juegos Paralímpicos y que no tienen su homólogo en los Olímpicos: las bochas, cuyo origen se remonta a la antigua Grecia, y el gólbol, otro de los deportes paralímpicos más antiguos.

Las bochas pueden practicarse de manera individual, por parejas o en equipos, y consisten en lanzar las seis bolas que posee cada participante con el objetivo de acercarse lo máximo posible a la bola blanca (que se llama *jack*) a la vez que intentan apartar las de los rivales. Las bochas se incorporaron por primera vez al programa en los Juegos de Nueva York 1984.

En el gólbol se enfrentan dos equipos de tres jugadores cada uno y consiste en lanzar una pelota a la portería rival con el objetivo de marcar gol, pero a la vez hay que defender la propia portería, que tiene 9 metros de ancho y 1,30 metros de alto. La pelota que se emplea en este deporte

—que practican personas en silla de ruedas con parálisis o lesión cerebral, o discapacidad física severa— contiene unos cascabeles. Por ello, durante la competición, se debe guardar completo silencio. La primera vez que se compitió en gólbol en los Juegos Paralímpicos fue en 1976 en Toronto.

45

El Comité Paralímpico Internacional

El Comité Paralímpico Internacional (CPI) se fundó en 1989, en Dusseldorf (Alemania), con el objetivo de actuar como órgano de gobierno del Movimiento Paralímpico. Sin embargo, no actuó como tal hasta 1992, cuando el Comité Internacional de Coordinación de los Deportes para Personas con Discapacidad (ICC, por su sigla en inglés), una entidad conformada por cuatro organizaciones internacionales que se unieron para organizar los Juegos, le cedió el mando.

46

El logotipo de los Juegos Paralímpicos

El primer logotipo se creó en 1988 y se diseñó basándose en los anillos de los Juegos Olímpicos; sin embargo, tras algunas objeciones del COI, que buscaba distanciar un poco la similitud entre ambos, en 2004 se rediseñó. Posteriormente se hicieron algunos retoques más, pero el de 2004 ya era el que hoy conocemos: tres líneas semicurvas, denominadas *agitos* —término que proviene del latín y que significa «me muevo»— y que simbolizan el movimiento y el dinamismo. Son de color rojo, azul y verde, los más empleados en las banderas de todos los países.

47

Récord femenino

Por primera vez en la historia de los Juegos Paralímpicos, en la edición de París 2024, el número de mujeres casi se equiparó al de hombres. Fueron 1.859 las mujeres que participaron, un 42,25 % del total.

48

Campeón de campeones

La República Popular de China es el país que más medallas ha ganado desde los primeros Juegos Paralímpicos. Y este es su medallero: 63 en Atenas 2004; 89 en Pekín 2008; 95 en Londres 2012; 107 en Río 2016; 38 en Tokio 2020, y —atención— ¡¡¡220 en París 2024!!!

DEPORTES DE VERANO

Atletismo

49

De aguador a campeón

Sin duda, la gran sorpresa de los recién estrenados Juegos modernos de Atenas 1896 fue el griego Spyridon Louis, aguador de profesión, en quien el Comité no había depositado demasiadas esperanzas. De hecho, a punto estuvieron de no admitirlo, debido al esfuerzo que requería la maratón, la prueba que los griegos ansiaban ganar debido a su importancia histórica. Contra todo pronóstico, Spyridon se proclamó vencedor, por delante de Kharilaos Vasilakos, que partía como favorito.

50

El centímetro que marcó la diferencia

Corría el año 1900. Tras las rondas de clasificación, Myer Prinstein, de Estados Unidos, lideraba la competición de salto de longitud. Desafortunadamente, la final debía disputarse en domingo y se negó a participar por creencias religiosas.

La historia no está exenta de controversia. Según Prinstein, pactó con su compatriota y principal rival, Alvin Kraenzlein, que ninguno competiría en la final. Pero o bien Kraenzlein hizo caso omiso a su promesa o bien dicho acuerdo nunca tuvo lugar. Fuera como fuese, Kraenzlein acudió a la cita y superó la marca de Prinstein por 1 centímetro. Este, que decidió tomarse la justicia por su mano, bajó de la grada y golpeó a Kraenzlein en la cara. Por suerte, los separaron y la cosa no pasó a mayores.

51

La primera mujer en los Juegos modernos

Si bien es cierto que, en los Juegos de la era moderna, las mujeres no compitieron hasta la segunda edición, la de París 1900, hubo una precursora que podría decirse que participó en la recién estrenada cita olímpica, la de Atenas 1896.

Stamata Revithi deseaba correr la maratón junto con los hombres —no existía una prohibición expresa acerca de la participación femenina—, pero su inscripción fue rechazada, supuestamente por estar fuera de plazo. Aun así, el día después de que se disputara la maratón, la griega realizó el mismo recorrido acompañada por unos oficiales que pudieran certificar su participación. Por lo tanto, se la podría considerar la primera atleta femenina en competir en los Juegos Olímpicos.

52

Saltos en parada

Esta modalidad de salto —que mucho dista de la que hoy conocemos, pues los saltos de altura, de longitud y el triple salto se hacían sin tomar impulso— tuvo a un protagonista, Ray Ewry, que en las tres ediciones de los Juegos Olímpicos en las que participó consiguió ocho medallas de oro (una menos que Carl Lewis y las mismas que tiene Usain Bolt). Se hizo con ellas en altura, longitud y triple salto en París 1900 y en San Luis 1904, y en altura y longitud en Londres 1908. En triple salto no pudo conseguirla porque esta disciplina fue retirada del programa. Los otros dos saltos en parada se excluyeron del programa olímpico en 1912.

53

Con trampas y a lo loco

Así es como el estadounidense Fred Lorz ganó la maratón de San Luis 1904. Era un 30 de agosto, muy caluroso, y la carrera discurría por trazados de tierra abiertos al tráfico, por lo que también circulaban coches de caballos y los primeros automóviles a motor. Fueron varios los corredores que acabaron exhaustos antes de poder cruzar la línea de meta. Nuestro protagonista, que no estaba dispuesto a sucumbir por culpa de semejantes infortunios, se sacó un as de la manga y, sin pensarlo dos veces, hizo trampas. Sí, así es, se subió a un automóvil, del que se apeó pocos metros antes de la llegada, corrió los últimos metros y entró andando al estadio. Evidentemente, fue descalificado y Tom Hicks, el segundo en atravesar la meta, fue proclamado vencedor.

54

Meteoro de Milwaukee

Este es el apelativo con el que se conoce a Archie Hahn, el primer gran velocista de la historia del atletismo, que en 1904 logró un récord olímpico en 200 metros que se mantuvo durante 28 años, hasta que Jesse Owens se lo arrebató en los Juegos Olímpicos de 1932. Fueron 21,6 segundos los que convertirían a Archie Hahn en un campeón que recordar. Pese a descubrir el atletismo de manera algo tardía (contaba 19 años) y poseer una complexión un tanto singular para un velocista —medía 1,65 cm y pesaba tan solo 59 kg—, el estadounidense se hizo con 3 medallas de oro en los Juegos de esta edición, en los 60, 100 y 200 metros.

55

Una medida inexacta

Nos referimos a la distancia oficial de la maratón, que no es de 42 km, sino de 42,195 km exactamente.

Michel Bréal, que participó en el congreso fundacional del Comité Olímpico Internacional de 1890, sugirió incluir una carrera a pie que cubriera la distancia de Maratón hasta Pnyx, que era de 40 km.

Así pues, ¿de dónde salen esos 2,195 km de más? La explicación la hallamos en la celebración de los Juegos de Londres 1908: la línea de meta se ubicaba en el palco real del estadio White City, pero el rey Eduardo VII y la reina Alexandra querían que la salida se situara ante el castillo de Windsor. La distancia que une estos dos puntos es exactamente de 42 km y 195 m. Esta medida «arbitraria» establecida puntualmente en deferencia a la realeza británica acabó instaurándose como la oficial de esta competición.

56

Y, como premio, una pastelería

Con los fondos que logró recaudar el italiano Dorando Pietri gracias a su participación en la maratón de los Juegos Olímpicos de Londres 1908 y a la campaña que emprendió Conan Doyle, cuyo corazón se ganó el atleta. El del cronista y el del resto de los espectadores, pero no por proclamarse vencedor, sino porque este pastelero de profesión fue un ejemplo de superación.

Se inició en este deporte cuando, al ver correr a Pericle Pagliani en 1904, lo siguió a lo largo del recorrido hasta llegar a meta vestido con su atuendo de pastelero. A partir de ese suceso participó en varias competiciones, cada vez de mayor distancia. En los Juegos de 1908 le costó sudor y lágrimas llegar a la meta; antes de alcanzarla sufrió unos cuantos desmayos debido a la fatiga acumulada, pero conquistó a todo el mundo y su nombre pasó a la historia.

57

Cinco oros de una tacada

El debut de Paavo Nurmi en los Juegos Olímpicos de Amberes 1920 fue todo un éxito: ganó tres medallas de oro en los 10.000 metros, en la prueba de campo a través individual y en la de campo a través por equipos. Su hazaña, sin embargo, se vio multiplicada cuatro años después cuando, en la edición de París 1924, se convirtió en el primer atleta en ganar no tres, sino cinco oros olímpicos en una misma edición, esta vez en las pruebas por equipos de 1.500 metros, 3.000 metros y 5.000 metros y en las dos pruebas de campo a través. En Ámsterdam 1928 revalidó su título de campeón en los 10.000 metros. Con sus doce medallas (nueve oros y tres platas), el finlandés ocupaba la tercera posición en la lista de atletas olímpicos más laureados hasta los pasados Juegos de París 2024, en los que la nadadora estadounidense Katie Ledecky lo superó en dos (nueve oros, cuatro platas y un bronce).

58

¿Dora o Heinrich?

En los Juegos Olímpicos de Berlín 1936, Dora Ratjen quedó cuarta en salto de altura femenino y en el Campeonato de Europa de Atletismo de 1938 ganó el oro y logró batir el récord mundial.

Aunque sus rasgos masculinos fueron motivo de debate, no fue hasta proclamarse campeona del mundo cuando se descubrió que Dora, pese a haber sido criada como mujer, era en realidad un hombre. Fue acusada de fraude y desposeída de su medalla y de su título.

Varios fueron los argumentos que esgrimió el atleta, desde que era hermafrodita hasta que todo consistía en un plan orquestado por la Alemania nazi con el objetivo de ganar más medallas para su país.

El caso es que, en 1939, su padre solicitó que, en los documentos oficiales, se cambiara su sexo y su nombre, que, desde aquel momento, pasó a ser el de Heinrich.

En septiembre de 2009 se estrenó la película alemana *Berlin 36*, que relata su historia y la de su compañera Gretel Bergmann, quien, al ser entrevistada con motivo del estreno, aún argüía que se trató de un plan nazi.

59

El Bello Durmiente

En 1960, Surinam iba a tener representación por primera vez en la historia en unos Juegos Olímpicos, los de Roma. Sin embargo, su atleta, Wim Esajas, no llegó a competir. El motivo: ¡se quedó dormido! Imagina cómo debieron de recibirlo al regresar a su país...

Debido a este poco oportuno incidente, el corredor se ganó el apodo de Bello Durmiente, aunque más tarde se supo que el delegado olímpico se equivocó de hora y Esajas no fue debidamente informado. Cuarenta y cinco años después del desaguisado, el Gobierno de Surinam envió una carta a Esajas pidiéndole disculpas.

60

Un hombre con estilo

¿Sabías que la técnica Fosbury de salto de altura en atletismo se la debemos a un campeón olímpico? Así es, Dick Fosbury, en los Juegos Olímpicos de Ciudad de México 1968, revolucionó el salto de altura.

Su estilo, que consistía en correr en curva y efectuar el salto de espaldas y transversalmente, lograba una mejora de hasta 40 centímetros con respecto a las maneras tradicionales de hacerlo, que normalmente era afrontando el listón de cara o empleando la técnica del rodillo ventral o tijera.

En aquellos Juegos logró un récord olímpico con sus 2,24 metros y, al día siguiente, todos querían emularlo. El problema principal fue que, para ejecutar el salto empleando la técnica de Fosbury, se necesitaba una colchoneta y no todos disponían de esta, pero el cambio de estilo trajo consigo un cambio de material y, rápidamente, se popularizó.

61

Sin sudar la camiseta

Así es como la cubana Rosie Ruiz cruzó la línea de meta de la maratón de Boston 1980: respirando con normalidad, sin signos de fatiga ni de sudor. Sospechoso, ¿verdad?

Más desconfianza generó aún el hecho de que su tiempo solo distara 4 minutos del récord mundial y de que mejorara su propia marca en 25 minutos con respecto a su anterior participación en una maratón: la de Nueva York, gracias a la cual consiguió plaza para la de Boston.

Pero podemos seguir con las suspicacias: si bien es cierto que en aquella época no se disponía de los chips ni de la tecnología de hoy en día, Jacqueline Gareau, la atleta que «supuestamente» encabezaba la carrera, no vio que Ruiz la adelantara. Tampoco el público ni los organizadores de la carrera la habían visto a lo largo del recorrido, ni las cámaras la habían registrado a la salida ni salía en ninguna de las diez mil fotos que se hicieron. Seguro que había gato encerrado... Pero a falta de pruebas tuvieron que entregarle la medalla de oro y la corona de laurel.

Se investigó, por supuesto, y se llegó al quid de la cuestión: Rosie Ruiz no corrió, sino que aguardó entre el público y se incorporó a la carrera a escasos 2 kilómetros de la meta. Pero en la maratón de Nueva York tampoco corrió, ¡cogió el metro! ¿Se puede tener más caradura? Normal que en el ámbito del atletismo se designe al hecho de hacer trampas como *doing a Rosie* («hacer una Rosie»).

62

El récord mundial más antiguo en 800 metros

El récord más antiguo en atletismo ha cumplido 41 años, desde que, en julio de 1983, en Múnich, Jarmila Kratochvilova corrió los 800 metros en un tiempo de 1 h 53 min 28 s.

En el Campeonato del Mundo de Helsinki, que se celebró unos días después, la checoslovaca consiguió el oro en 2 pruebas: la de 400 metros —su especialidad y la que, en 1980, le valió la plata olímpica— y la de 800 metros. Estableció un nuevo récord en los 400, con un tiempo de 47,99 s, lo que hizo que fuera la primera mujer que lograba bajar de los 48 s; sin embargo, su rival Marita Koch, logró romperlo con sus 47,60 s en 1985, en Canberra, un récord que aún hoy en día perdura.

63

Suplantación de identidad

¿Cuántas veces los gemelos habrán tenido que responder a la pregunta de si, en alguna ocasión, han aprovechado su parecido físico para suplantar a su hermano? Pues las hermanas De Jesús responderían, sin duda, afirmativamente.

Madeline de Jesús logró clasificarse para disputar el salto de longitud y la prueba de relevos 4×400 en los Juegos Olímpicos de Los Ángeles 1984, pero, al efectuar el salto de longitud, la puertorriqueña se lesionó: perdió así la oportunidad de correr en la disciplina de relevos..., ¿o no?

Compitió, pero no ella, sino su hermana gemela, Margaret de Jesús, que también era atleta. Nadie se percató y su selección se clasificó para la final. Pero las mentiras tienen las patas muy cortas y, horas más tarde, el seleccionador se dio cuenta de la treta y tomó la decisión de que no participarían en la final.

64

El dudoso récord mundial de los 400

Como decíamos, lo estableció la alemana oriental Marita Koch en Canberra en 1985. Sus 47,60 segundos en los 400 metros han dado mucho de qué hablar, pero ningún test detectó que pudiera ir dopada.

Su récord no fue el único puesto en tela de juicio. En 2017, la Federación Europea de Atletismo puso en marcha una investigación para determinar qué plusmarcas europeas podrían considerarse dudosas debido al dopaje y quiso examinar nada más y nada menos que ¡30 de los 43 récords de atletismo! La iniciativa, sin embargo, no fraguó y no pudo anular aquellas marcas que consideraba «imposibles».

65

Icono del atletismo

No podemos hablar de atletismo sin mencionar a Carl Lewis. Debutó en la edición de Los Ángeles 1984, subió al estrellato y consiguió emular a su ídolo de la infancia, Jesse Owens, al ganar en 100 metros, 200 metros, salto de longitud y relevo 4×100. En Seúl 1988, Barcelona 1992 y

Atlanta 1996 siguió cosechando títulos hasta sumar sus diez medallas: nueve de oro y una plata.

Solo siete deportistas han conseguido ganar nueve oros olímpicos y, tras París 2024, solo uno ha logrado ganar la misma prueba individual en cinco Olimpiadas consecutivas: el cubano Mijaín López, conocido como el Gigante de Herradura, que compite en lucha grecorromana.

66

Siete récords mundiales

Esta fue la cifra de récords mundiales que logró establecer la saltadora búlgara Stefka Kostadinova, al aire libre y en pista cerrada. De todos ellos, el más escandaloso, porque se mantuvo infranqueable a lo largo de 37 años, fue el conseguido en los Mundiales de Atletismo de Roma 1987, donde registró una altura de 2,09 metros. Esta marca ha permanecido vigente hasta los pasados Juegos Olímpicos (París 2024), cuando la atleta ucraniana Yaroslava Mahuchikh alcanzó los 2,10 metros.

67

Razón de peso

La soviética Nataliya Lisovskaya tiene uno de los récords mundiales más antiguos: su lanzamiento de peso de 22,63 metros, conseguido en el Memorial Hermanos Znamenskiy en Moscú de 1987, es casi insuperable.

Su hija, con Yuriy Siedykh, campeón olímpico de lanzamiento de martillo, no podía ser menos: en 2010, Alexia Siedykh ganó el oro en los Juegos Olímpicos de la Juventud.

68

Un récord imbatible

Es el que consiguió la rusa Galina Chistyakova en salto de longitud en 1988. Sus 7,52 metros perduran en el tiempo; tan solo la estadounidense Jackie Joyner-Kersee, que también posee desde 1988 el récord mundial en heptatlón (con 7.291 puntos), logró acercarse en 1994, pero sus 7,49 metros no fueron suficientes.

69

La espectacular Flo-Jo

La estadounidense Florence Griffith-Joyner fue una de las velocistas femeninas más destacadas. En los Juegos Olímpicos de Seúl 1988, estableció un récord mundial en 100 metros que sigue vigente.

Flo-Jo, como se hacía llamar, se ganó la atención del mundo no solo por su poco convencional indumentaria (lucía unas largas uñas muy cuidadas y corría enjoyada y con tocados de lo más espectaculares), sino porque logró llevarse tres oros y una plata, y establecer dos récords mundiales en 100 metros lisos (10,49 s) y 200 metros lisos (21,34 s). Aunque, en los Juegos de Tokio 2020, la jamaicana Thompson-Herah se quedó a tan solo 0,19 s de batir la marca de los 100 metros, todavía hoy ninguna atleta ha logrado pulverizar los récords de Flo-Jo.

70

Atleta y senadora de Canadá

Se trata de Chantal Petitclerc, que debutó en los Juegos Paralímpicos de Barcelona 1992 y participó en 5 ediciones.

Se convirtió en la atleta de pista más condecorada, pues suma en su palmarés un total de 21 medallas, 14 de las cuales son de oro; en los Paralímpicos de Atenas 2004, además, estableció varios récords mundiales. Actualmente, es senadora en Canadá y aboga por defender los derechos de las personas discapacitadas.

71

Hasta el cielo

Javier Sotomayor logró tocarlo con la punta de los dedos en julio de 1993, en Salamanca: el cubano alcanzó los 2,45 metros en salto de altura, un récord mundial que, después de treinta años, aún nadie ha logrado batir.

El atleta se retiró en 2001, pero su nombre sigue muy presente en el ámbito del atletismo. Además del récord mundial, imbatido hasta la fecha, ganó una medalla de oro en Barcelona 1992 y otra de plata en Sídney 2000. También fue campeón del mundo en seis ocasiones.

72

No uno, sino dos

La rusa Irina Privalova demostró ser la mujer más rápida del mundo: no solo consiguió establecer el récord mundial de los 60 metros en pista cubierta en 1993, en Madrid, sino que en febrero de 1995 lo hizo en el mismo tiempo (6,92 s). En esta ocasión, además, logró rebajar en cuatro centésimas (5,96 s) el récord mundial de 50 metros lisos que tenía la jamaicana Marlene Ottey desde 1994.

73

Una carrera efímera, pero con un récord duradero

Así fue la carrera deportiva de la atleta china Junxia Wang, que en el Mundial de 1993 estableció 2 récords históricos: el de 3.000 y el de los 10.000. El primero, con un tiempo de 8 min 6 s 11 ds, aún sigue vigente. El segundo, tras 31 años en vigor, fue batido en los Juegos de París 2024 por Beatrice Chebet, quien, con una marca de 28 min 54 s 3 ds, se convirtió en la primera mujer en bajar de los 29 min en los 10.000 metros.

Wang tenía entonces 18 años; 3 años después, participó en los Juegos Olímpicos de Atlanta 1996, donde ganó el oro en los 5.000 metros y la plata en los 10.000. Después de aquello, y con solo 21 años, nada más se supo de ella, pero su récord mundial en los 3.000 sigue aún imbatido 11 años después.

74

Leyenda del atletismo

La atleta rusa Svetlana Masterkova ganó en los 800 metros y en los 1.500 metros en los Juegos Olímpicos de Atlanta 1996 y consiguió romper récords en distancias no olímpicas: 1.000 metros (2 min 28 s 98 ds) y la milla (4 min 12 s 56 ds). Fue condecorada por la Federación Internacional con la distinción de Leyenda del Atletismo. La mejor mediofondista del mundo perdió su marca mundial de la milla en 2023, cuando fue superada por la keniana Faith Kipyegon, con un tiempo de 4 min 7 s 64 ds.

75

Medallas de quita y pon

Michael Johnson, Antonio Pettigrew, Angelo Taylor, Alvin Harrison, Calvin Harrison y Jerome Young componían el equipo de relevos que, en los Juegos de Verano de Sídney 2000, se haría con el oro en los 4×400 metros masculinos.

Sin embargo, tuvieron que devolver las medallas, porque Jerome Young dio positivo en el test de dopaje. Como el atleta, en realidad, no corrió en la final, fueron exonerados y se las recuperaron, pero para perderlas de nuevo en 2008, cuando otro miembro del equipo, Antonio Pettigrew, confesó haber tomado sustancias prohibidas que favorecían su rendimiento.

76

El espontáneo exsacerdote irlandés

Se llamaba Cornelius Horan, un exsacerdote irlandés que ya había hecho de las suyas en la Fórmula 1.

En la maratón de los Juegos Olímpicos de Atenas 2004, aguardaba agazapado entre el público, cuando, de repente, se abalanzó sobre el brasileño Vanderlei de Lima, que iba en cabeza en la competición, lo agarró por la cintura y lo empujó al otro lado de la carretera. Estuvo a punto de hacerlo caer, pero, por suerte, un espectador del público lo ayudó y De Lima pudo retomar la marcha aún en primera posición.

El inesperado incidente, contaba el brasileño, lo desconcentró y Stefano Baldini y Mebrahtom Keflezighi lo adelantaron, pero él llegó feliz a la línea de meta porque había logrado su propósito: cruzarla.

La Federación Brasileña de Atletismo interpuso una reclamación y solicitó que también se premiara a De Lima con un oro. No lo consiguió, pero sí le concedieron la medalla Pierre de Coubertin en reconocimiento a su deportividad.

77

Con 28 récord mundiales

Así finalizó la carrera de la mejor deportista de la historia en su disciplina: el salto de pértiga. La rusa Yelena Isinbayeva logró establecer un total de 28 récords mundiales, tanto en pista cubierta como al aire libre. El conseguido en 2009 en Zúrich la convirtió en la primera atleta en superar los 5 metros de altura (5,06) y, a día de hoy, nadie la ha superado.

La excelente carrera de esta atleta le ha valido varias distinciones: la Fundación Internacional de Atletismo (IAAF, por su sigla en inglés) la nombró Atleta Mundial del Año en 2004, 2005 y 2008; en 2007 y 2009 se le otorgó el Premio Laureus a la mejor deportista de la temporada anterior, y en 2009 recibió también el Premio Príncipe de Asturias de los Deportes.

78

El maratonista de 100 años

El maratonista más longevo de la historia fue Fauja Singh. El indio, que no aprendió a caminar hasta los 5 años y que se inició en las maratones ya con 89 años, se convirtió en el primer hombre de más de 100 años en correr una maratón.

Lo hizo en 2011, ataviado con un turbante amarillo y una camiseta de rayas amarillas y negras, y logró completar los 42,195 kilómetros de la emblemática prueba en 8 h 25 min.

En 2012 portó la antorcha olímpica en los Juegos de Londres, como también lo había hecho en la edición de Atenas 2004.

79

Relámpago Bolt

Usain Bolt es, sin duda alguna, el mejor velocista de todos los tiempos. El jamaicano, cuyo premio por ganar su primera carrera en el colegio fue un arroz con guisantes y pollo, desde que arrancó a correr no dejó de hacerlo (hasta los Mundiales de 2017, cuando se retiró) y en su recorrido no dejó de cosechar éxitos.

Fue campeón del mundo en once ocasiones, triple campeón olímpico en 100 y 200 metros, y doble campeón en 4×100. Berlín 2009 fue su año: en esta edición del Campeonato Mundial de Atletismo, logró batir dos marcas: consiguió los 9,58 s en 100 metros y 19,19 s en 200 metros, tiempos que ni siquiera él, el mismísimo Relámpago Bolt, ha sido capaz de superar.

80

Oro por comer mil «bocaditos» de pollo

Es lo que Usain Bolt merecía, una medalla por haberse comido una cantidad ingente de pollo en los diez días que estuvo en China durante los Juegos Olímpicos de Pekín 2008.

Cuenta en su biografía que, al llegar, les recomendaron no comer fuera de la villa olímpica para evitar que algo pudiera sentarles mal; Bolt, que no era muy conocedor de la comida china, no quiso experimentar y se alimentó únicamente de lo que conocía: ¡*nuggets* de pollo! Él mismo explica que caían unas cinco cajas de veinte piezas por día; o sea, ¡unas mil en diez días!

81

La velocista más condecorada

Con 7 oros olímpicos, Allyson Felix es la figura del atletismo femenino más condecorada. Si, además, sumamos las platas y los bronces, son 11 las medallas olímpicas que han colgado de su cuello. Pero la cosa no queda aquí, porque con sus 36 años también es la atleta que más metales ha conseguido en los Campeonatos del Mundo: cuenta en su palmarés con un total de 19, 13 de los cuales son oros. Algo que nadie más ha conseguido hasta la fecha.

82

Con piernas artificiales

Así es como corrió los 400 metros Oscar Pistorius en los Juegos Olímpicos de Londres 2012.

Tras haberse proclamado vencedor en los Paralímpicos de Atenas y de Pekín, el sudafricano se propuso otro reto: el de participar en eventos para deportistas sin discapacidades. Sin embargo, le fue negado en varias ocasiones porque se consideraba que jugaba con ventaja gracias a sus piernas artificiales. Finalmente logró que el Comité Olímpico Sudafricano le permitiera asistir a la cita olímpica, y así fue como el atleta, al que tuvieron que amputarle ambas piernas debido a que nació sin peroné, se convirtió en el primer corredor en participar en los Juegos Olímpicos con prótesis de fibra de carbono.

83

El mito checo de la jabalina

Con un palmarés excelente —bicampeona olímpica (Pekín 2008 y Londres 2012), campeona de Europa (2014), campeona del mundo en tres ocasiones (2007, 2011, 2017) y cinco veces ganadora de la Liga de Diamante (2010, 2012, 2014, 2015 y 2017)— la checa Barbora Spotakova, además, cuenta con otro imprescindible logro: un récord mundial en su especialidad.

En Stuttgart, con su lanzamiento de jabalina de 72,28 metros, superó en 58 centímetros el que la cubana Osleidys Menéndez había conseguido en Helsinki en 2005. ¿Cómo no iba a ser considerada un mito?

84

Los vencedores veloces

Juegos Olímpicos de Río 2016, domingo 21 de agosto: el argelino Abdellatif Baka se proclama vencedor en la categoría masculina de 1.500 metros con un tiempo de 3 min 48 s 29 ds. Poco podía imaginar que, unas semanas más tarde, los primeros cuatro clasificados en los Juegos Paralímpicos de esta misma categoría lograrían superar su marca.

85

Plusmarquista de peso

La polaca Anita Wlodarczyk fue la primera mujer en superar los 80 metros en el lanzamiento de martillo en agosto de 2015, pero ese hito no fue el único que la convirtió en la mejor lanzadora de martillo de la historia.

Siguió superándose a sí misma: en 2016, en los Juegos de Río, consiguió su segundo oro olímpico (el primero lo había ganado en la edición de Londres 2012). Ese mismo año, tras un lanzamiento de 82,98 metros en el Campeonato Mundial de Atletismo, estableció un nuevo récord que aún hoy sigue vigente; en 2020 aún se llevó otra medalla olímpica de oro más para su colección.

En total, Wlodarczyk ha batido el récord del mundo en seis ocasiones y atesora tres medallas olímpicas de oro; cuatro oros más de los Campeonatos Mundiales y cuatro más de oro y tres bronces de los Campeonatos Europeos. ¿Es o no una verdadera experta del lanzamiento de martillo?

86

El mayor deporte paralímpico

El atletismo es el deporte que cuenta con un mayor número de atleta. Asimismo, es el que contempla un mayor número de eventos. Y, por último, el que presenta un mayor número de modalidades que se clasifican siguiendo una numeración de dos dígitos: el primero indica el tipo de discapacidad; el segundo, su grado.

87

Un 2023 asombroso

El año 2023, sin duda alguna, fue el de la keniana Feith Kipyegon. Consiguió tres récords mundiales en un breve lapso de tiempo: tan solo 50 días, entre junio y julio.

El 2 de junio, conquistó los 1.500 metros en la Liga de Diamante que se celebró en Florencia con un tiempo de 3 min 49 s 11 ds. Una semana después, en la Liga de Diamante de París, rompió el récord mundial de los 5.000 con un tiempo de 14 min 5 s 20 ds, aunque en septiembre se lo arrebató la etíope Gudaf Tsegay. Y, el 21 de julio, pulverizó el récord mundial de la milla, con un tiempo de 4 min 7 s 64 ds en la Liga de Diamante de Mónaco.

Pero no solo eso. En el Campeonato del Mundo de Atletismo que se celebró ese mismo año en Budapest, se convirtió en la primera mujer en ganar dos medallas de oro en un mismo mundial: en 1.500 y en 5.000 metros. Como no podía ser de otro modo, se la distinguió como la Atleta Mundial de 2023.

88

Las mejores marcas en maratones masculinas

El 8 de octubre de 2023, en la Maratón de Chicago, el keniano Kelvin Kiptum se convirtió en el nuevo campeón del mundo con un tiempo de 2 h 35 s, tras arrebatarle el título a su compatriota Eliud Kipchoge, que lo había conseguido en septiembre de 2022 —en Berlín— con un tiempo de 2 h 1 min 9 s.

Actualmente, el récord olímpico en la maratón masculina lo ostenta otro keniano, Samuel Wanjiru, que lo ganó en los Juegos Olímpicos de Pekín 2008 con una marca de 2 h 6 min 32 s. Aún nadie le ha hecho sombra.

89

Las mejores marcas en maratones femeninas

La mujer con mejor marca en una maratón es la etíope Tigst Assefa, que con un tiempo de 2 h 11 min 53 s se convirtió en la campeona del mundo en la Maratón de Berlín de 2023. El récord olímpico femenino, sin embargo, está en las zapatillas de la neerlandesa Sifan Hassan, quien, en los pasados Juegos Olímpicos de París 2024, registró un tiempo de 2 h 22 min 55 s, con el que se colgó la medalla de oro.

90

Con el listón bien alto

El pertiguista Armand Duplantis, que se llevó el oro en Tokio 2020, no deja de mejorar su propio récord mundial. Después de alcanzar un salto de 6,23 metros en la Liga Diamante celebrada en septiembre de 2023, en Eugene (Estados Unidos), este sueco que aprendió a saltar de pequeño sobre el sofá ayudado por el palo de una escoba, aún puso el listón más alto y, en abril de 2024, en Xiamen (China), logró batir su propia marca por 1 centímetro. En los Juegos Olímpicos de París, Duplantis se ha superado a sí mismo con un salto de 6,25.

91

Un año de récords mundiales

El año 2023 fue el más fructífero de los últimos cuarenta años en cuanto a batir récords mundiales de atletismo. Se estableció la sorprendente cifra de dieciocho nuevos récords, diez de la mano de las mujeres y ocho por parte de los hombres.

92

El único récord mundial español

Solamente una atleta española ha logrado establecer un récord mundial en cuarenta años: se trata de la granadina María Pérez, que, en 2023, en Podebrady (República Checa), demostró ser la mejor marchadora: en los 35 kilómetros logró un espectacular tiempo de 2 h 37 min 15 s, lo que supone 29 s menos que la anterior poseedora del récord, la peruana Kimberly García.

Bádminton

93

La «pelota» de bádminton

El instrumento que se golpea con las raquetas en bádminton recibe varios nombres, pero no el de «pelota». Se le llama *shuttle* o *shuttlecock*, en inglés; en español pueden escucharse distintos términos para designarlo, el más generalizado es el de «volante», pero también se emplean el de «mosca», «pluma» o «gallito». Es de forma semiesférica e insertadas alrededor lleva dieciséis plumas que suelen ser de ganso y, ¡ojo!, solo pueden ser del ala izquierda del ave para que giren en sentido contrario a las agujas del reloj; si fueran del ala derecha, el vuelo del volante sería distinto. También las hay compuestas de nilón, pero suele ser para los niveles iniciales; los profesionales usan las de pluma de ganso.

94

El origen del nombre

Se dice que el nombre de este deporte, que inicialmente practicaban las clases adineradas a modo de pasatiempo, podría proceder de la finca de recreo del duque de Beaufort, que se llama Badminton House y se encuentra en Gloucestershire (Gran Bretaña) y donde, probablemente, se jugara a bádminton ya en 1860.

95

106 de 121

El bádminton hizo su aparición en los Juegos Olímpicos como deporte de demostración en Múnich 1972 y como deporte de exhibición en la edición de Seúl 1988. No se incorporó oficialmente al programa olímpico hasta Barcelona 1992.

Desde entonces, los países asiáticos han dominado con claridad este deporte. En especial, la República Popular de China, que ha conseguido ganar 41 (18 de oro, 8 de plata y 15 de bronce) de las 106 medallas posibles. La siguen Indonesia y Corea del Sur, con 19 metales cada una.

96

¿Es un pájaro? ¿Es un avión? No, es un volante de bádminton

A simple vista, para los poco duchos en este deporte pudiera parecer que el volante de bádminton, con sus livianos 4,64 gramos, no podría competir en un ranking de los más rápidos; pero nada más lejos de la realidad: ¡el bádminton es el deporte de raqueta más veloz!

Un volante de bádminton supera con creces la velocidad que puede llegar a un monoplaza de Fórmula 1 (la mayor registrada es de 397,483 km/h) y ya no digamos de los lanzamientos de otros deportes de raqueta, como un saque de tenis, cuya velocidad es de 263 km/h, o un lanzamiento de béisbol, que es de 170,3 km/h, o uno en tenis de mesa, de 116 km/h.

¿A qué velocidad crees que puede llegar un volante de bádminton? Pues, en 2023, Satwiksairaj Rankireddy consiguió batir el anterior récord de 493 km/h que el malayo Tan Boon Heong había conseguido diez años antes, y ¡por mucho! El indio consiguió alcanzar una velocidad supersónica de ¡565 km/h!

97

Jugar para perder

Por absurdo que parezca, a veces perder es mejor que ganar y, si no, que se lo pregunten a las chinas Yu Yang y Wang Xiaoli, que al enfrentarse a las surcoreanas Hung Kyung-eun y Kim Ha-na se esforzaron al máximo para no ganar el encuentro de la fase de grupos de dobles femenino de bádminton en los Juegos de Londres 2012.

Los continuos saques fallidos, los lanzamientos sin fuerza para que el volante no sobrepasara la red o los que se enviaban fuera de la pista enfurecieron a un público que no daba crédito a tal despropósito. Los abucheos hicieron que el árbitro hubiera de intervenir al final del primer set para llamarles la atención y exigirles que se lo tomaran en serio. Finalmente, sacó la tarjeta negra de la descalificación.

La intención de las chinas no era otra que perder para quedar segundas de grupo y no coincidir en la eliminatoria con la otra pareja china, Tian Qing y Zhao Yunlei. De ese modo, podrían optar a una hipotética final entre los dos conjuntos chinos y ganar el oro y la plata.

En los mismos Juegos, cuatro fueron las parejas descalificadas por jugar a perder: la china, la indonesia y dos surcoreanas. La razón de una de las parejas coreanas fue exactamente la misma que la de las chinas: no tener que rivalizar en la siguiente ronda contra sus compatriotas.

98

Su primer y único oro olímpico

Pese a que el control del medallero de bádminton lo ostenta China, en los Juegos de Río 2016 una española logró romper este dominio. Carolina Marín, cuyos inicios parecían estar enfocados al baile cuando tenía ocho años, se topó con el bádminton por casualidad y suerte que así fue, pues ha sido la primera deportista que no es de origen asiático en lograr hacerse con un oro olímpico. Pero no solo eso, pues la onubense no ha dejado de coleccionar títulos: campeona mundial individual en tres ocasiones y campeona de Europa en siete ocasiones más; un récord que la ha convertido en la número uno del mundo.

Baloncesto

99

Cestas para melocotones

Esas fueron las primeras canastas de baloncesto. Corría el año 1891, cuando los alumnos de Educación Física tuvieron que permanecer encerrados durante varios días en la Escuela Internacional de Entrenamiento de la YMCA, en Massachusetts, debido a una tormenta. James Naismith, el profesor, ideó una suerte de juego para evitar la inactividad y, cuando pidió dos cajas para usarlas a modo de portería, el conserje tan solo logró encontrar dos cestas que se empleaban para recoger melocotones; dispuestas a 3 metros de altura en la barandilla del balcón, esas fueron las primeras canastas del baloncesto. El primer partido acabó como el rosario de la aurora: los estudiantes no pararon de pelear, pero, a pesar de las magulladuras, insistieron en volver a jugar y, por esta razón, se establecieron las primeras reglas.

100

Las reglas originales

Las reglas originales las creó James Naismith, el profesor de Educación Física que ideó el juego con las cestas de melocotones. Sin embargo, no surgieron todas a la vez, sino que las fue modificando hasta que conformó las trece reglas originales, algunas de las cuales forman parten del deporte aún hoy. En 2010 fueron subastadas ¡por más de cuatro millones de euros!

101

Maestros contra alumnos

Estos fueron los contrincantes del primer partido público de baloncesto, que se jugó en 1892. Los alumnos se proclamaron victoriosos con un resultado de 5-1 ante los profesores. Atrajo a unos 200 espectadores y el deporte pronto se popularizó, y no tardó en empezar a extenderse y practicarse por todo el país. Gracias a que participaban alumnos internacionales, también se dio a conocer al resto del mundo y, en 1905, se acabó reconociendo de manera oficial como deporte de invierno en Estados Unidos.

102

A oídos del COI

La popularidad que estaba adquiriendo el baloncesto llegó a oídos del COI, que decidió incorporarlo como deporte de demostración en la edición de los Juegos celebrada en 1904 en San Luis; sin embargo, no hizo su debut como deporte de medalla hasta los Juegos Olímpicos de Berlín 1936. El baloncesto femenino no se incluyó en el programa olímpico hasta cuarenta años más tarde, en la edición de Montreal 1976.

103

Los reyes de la cancha

El baloncesto es uno de los deportes con más largo recorrido en los Juegos Olímpicos. Se incluyó en el programa en Berlín 1936 y desde entonces ha tenido un líder indiscutible: Estados Unidos, que ya ganó el oro en su primera edición. No es de extrañar si tenemos en cuenta que fue en este país donde nació este deporte. La selección masculina de Estados Unidos ha cosechado 17 medallas de oro; la femenina, que inició su andadura en la edición de Montreal de 1976, ya es poseedora de 10. Un total de 27 medallas de oro de las 32 posibles.

104

El máximo anotador

Pese a que Estados Unidos ha dominado este deporte, el máximo anotador en los Juegos Olímpicos es brasileño.

Su nombre es Oscar Schmidt y lidera el ranking con un total, nada más y nada menos, que de 1.093 puntos, sumados en cinco ediciones de los Juegos. Schmidt es también el jugador que mayor cantidad de puntos ha anotado en un solo partido: fue en Seúl 1988, en el partido en el que España y Brasil se enfrentaban, y sumó un total de 55 puntos.

105

El máximo anotador español

Si el brasileño Oscar Schmidt está a la cabeza de la lista de anotadores de los Juegos Olímpicos, al primer español no lo encontramos muy lejos: Pau Gasol, con 649 puntos, figura en tercera posición. Se estrenó en la cita olímpica de Atenas 2004. Desde entonces y hasta Tokio 2020, cuando anunció su retirada, esta leyenda del baloncesto ha participado en cinco ediciones: en Pekín 2008 y Londres 2012 se llevó la plata y en Río 2016 el bronce.

106

Su primer y único oro olímpico

En Atenas 2004, Argentina deslumbró. Cuando se enfrentó en la semifinal contra el poderoso Estados Unidos parecía que todo estaba perdido de antemano. Sin embargo, consiguió derrotar a los estadounidenses (89-81) y, el 28 de agosto, se vio las caras con Italia, a la que venció. Ese día fue uno de los más importantes para Argentina, que logró su primer y único oro olímpico en baloncesto.

107

La máxima anotadora

De nuevo, nos encontramos con que Estados Unidos es el país que lidera el número de podios obtenidos en los Juegos Olímpicos. Sin embargo, la máxima anotadora no es estadounidense, sino australiana.

En este caso, el título es para Lauren Jackson, que participó en cuatro ediciones, desde Sídney 2000 hasta Londres 2012, en las que ganó tres platas y dos bronces. Pero Jackson no solo lidera el ranking de máxima anotadora en los Juegos Olímpicos con 575 puntos, sino que también es la baloncestista que posee el récord de puntos conseguidos en una sola edición, la de Atenas 2004, con 183.

Sin embargo, la jugadora que mayor cantidad de puntos anotó en un solo partido fue la búlgara Evladija Slavčeva: 39 fueron los puntos anotados y sucedió en los Juegos Olímpicos de 1988, en el partido de Bulgaria contra Corea del Sur.

108

El primer mate femenino en una Olimpiada

Si bien es cierto que la primera mujer que consiguió hacer un mate en un partido profesional de la WNBA fue Lisa Leslie en 2002, Brittney Griner fue la primera en hacerlo en un Mundial de baloncesto femenino, en la edición de 2014 de Turquía. La australiana Liz Cambage, por su parte, consiguió tal hazaña en la edición de Londres 2012 de los Juegos Olímpicos, y no solo eso, sino que la selección australiana también consiguió hacerse con el oro.

109

El baloncestista con más medallas

Se trata del estadounidense Kevin Durant, que tiene en su haber cuatro oros olímpicos. Le siguen sus compatriotas Carmelo Anthony y LeBron James, que cuentan también con cuatro medallas, pero con tres oros y un bronce para cada uno.

110

El triplete

Michael Jordan participó en dos ediciones de las Olimpiadas con el Dream Team, Los Ángeles 1984 y Barcelona 1992, y en ambas se llevó el oro. Pero no acaba aquí su larga lista de triunfos, pues en 1992 consiguió ganar el campeonato de la NBA, ser nombrado MVP (jugador más valioso) y ganar su segundo oro olímpico. Y los tres logros ¡en un mismo año! Y podríamos seguir citando logros porque la lista es inmensa: como resumen, finalizó su carrera con un total de 32.292 puntos, 5.633 asistencias y 6.672 rebotes, que se dice pronto.

111

Partidos con mayor anotación

Estados Unidos batió el récord de puntos anotados en un partido de baloncesto: fue en los Juegos Olímpicos de Londres 2012, contra Nigeria (Estados Unidos 156-73 Nigeria). Los 156 puntos de Estados Unidos fulminaron el récord de 139 puntos obtenidos por Brasil en Seúl 1988, pero, además, fue el partido con mayor anotación: un total de 229 puntos.

Sin embargo, la selección femenina de Brasil fue la mayor anotadora en los Juegos Olímpicos de Atenas 2004, en el partido contra Japón: el resultado fue Japón 62-128 Brasil.

112

Partidos con menor anotación

De nuevo, Estados Unidos fue uno de los protagonistas del partido con menor cantidad de puntos anotados, el que enfrentó a Estados Unidos contra Canadá en los Juegos de Berlín 1936. El resultado fue de tan solo 27 puntos: 19 de Estados Unidos y 8 de Canadá.

El partido femenino con menor anotación disputado en unos Juegos Olímpicos obtuvo un tanteo algo superior al del baloncesto masculino: sucedió en la edición de Sídney 2000, en el partido de Senegal (32 puntos) contra Eslovaquia (68 puntos), es decir, un total de 100.

113

De órdago

Y sumamente vergonzoso fue el episodio que el equipo paralímpico español de baloncesto protagonizó en las Paralimpiadas de Sídney 2000.

A lo largo de la competición en la que se enfrentaban ocho selecciones compuestas por jugadores con discapacidad mental, España iba ganando sin apenas dificultad. Logró plantarse en la final y se proclamó campeona ante Rusia con un resultado de 87-63. Se llevó el oro.

Días después de la finalización de los Juegos Paralímpicos, sin embargo, se acabó destapando una de las trampas más flagrantes de la historia: de los doce jugadores que conformaban el equipo, diez no tenían ningún tipo de discapacidad. Es más, alguno de ellos incluso era semiprofesional y jugaba en la liga EBA.

El expresidente de la Federación Española de Deportes para Discapacitados Intelectuales (FEDDI), Fernando Martín Vicente, fue declarado culpable y condenado por fraude, y, obviamente, se desposeyó a España de la medalla.

114

Beasley contra Beasley

No hablamos de boxeo, sino de baloncesto. El jugador de la NBA Michael Beasley acababa de estrenarse con los Miami Heat, tras firmar un contrato por un año no garantizado, cuando protagonizó un episodio que sí requirió curas propias de un boxeador lesionado.

En el partido de pretemporada de 2013 entre Miami Heat y Detroit Pistons, Beasly cometió pasos. Descontento por su actuación, no se le ocurrió mejor modo de expresar su frustración que propinarse puñetazos repetidamente en la cabeza. Tras el partido hubo de ser asistido por el personal médico, porque el jugador se quejaba de fuertes dolores de cabeza y, al parecer, la ceja derecha se le había hinchado.

Pese a que en el vídeo del partido se le ve golpeándose con los nudillos en la sien, tanto el equipo como Beasley argumentaron que la hinchazón no se la había provocado él mismo, sino que se debía a un codazo recibido de Jonas Jerebko en otra acción del partido. ¿Puede que el polémico jugador no quisiera estar de nuevo en el foco mediático?

Balonmano

115

Al aire libre

Por raro que nos pueda parecer, podría decirse que el balonmano es un deporte relativamente joven, pues las primeras reglas no se establecieron hasta finales del siglo XIX y no se estandarizaron definitivamente hasta 1926. Debutó en los Juegos Olímpicos de Berlín 1936 y en Helsinki 1952 sería un deporte de demostración.

Inicialmente, los equipos se componían de once jugadores y ¡se jugaba al aire libre! Cuando empezó a practicarse en pista cubierta, los jugadores se redujeron a siete (seis más el portero), pero el balonmano en pista cubierta no se incluyó en el programa olímpico hasta la edición de 1972, celebrada en Múnich. La participación femenina no tuvo lugar hasta la edición de Montreal 1976.

116

El tallaje de los balones

¿Sabías que los balones de balonmano son distintos para hombres y mujeres?

No solo el tamaño es diferente, también lo es el peso. El balón varía según las categorías. Así:

- Para las categorías absoluta masculina y masculina juvenil (que corresponde a los mayores de 16 años), la circunferencia es de 58 a 60 centímetros y el peso está entre 425 y 475 gramos.
- Para las categorías absoluta femenina, juvenil femenina y cadete masculina, la circunferencia es de 54 a 56 centímetros y el peso oscila entre los 325 y los 400 gramos.
- Por último, para las categorías cadete femenina e infantil, alevín y benjamín masculinas y femeninas, la circunferencia es de 50 a 52 centímetros y el peso de un máximo de 315 gramos.

117

Sin límites

En balonmano, a diferencia de otros deportes, los jugadores pueden cambiarse en cualquier momento y no existe un límite de cambios; tampoco hay un límite de faltas que puedan cometerse. Eso sí, un jugador solo puede ser sancionado con la exclusión (en la que tiene que abandonar la cancha durante 2 minutos) un máximo de tres veces. A la tercera exclusión ya no puede volver a jugar en todo el partido.

118

Récord de goles en una final

La selección española de balonmano tiene el récord de goles en una final, los 40 que marcó en la final del Mundial de Túnez de 2005, donde, además, logró alzarse campeona del mundo y llevarse el oro.

119

El gol más rápido

El jugador danés Morten Olsen fue el protagonista de tal hazaña, marcar el gol más rápido en balonmano. Lo hizo en tan solo siete segundos en el Campeonato Europeo de 2014.

Béisbol y sóftbol

120

¿Son o no son lo mismo?

Anteriormente habíamos dicho que el sóftbol se consideraba el equivalente femenino del béisbol, pero eso solo es válido para las Olimpiadas: es decir, en los Juegos Olímpicos en béisbol solo compiten los hombres y, en sóftbol, solo las mujeres.

Fuera del ámbito olímpico, sin embargo, se disputan campeonatos del mundo femeninos y masculinos en ambos deportes; por lo tanto, son dos disciplinas deportivas distintas en las que varía el número de jugadores, el tamaño del campo y, por lo tanto, también las distancias entre lanzador y bateador, las características de la pelota y algunas de sus reglas.

121

Los orígenes del béisbol

Si bien es cierto que las antiguas sociedades, como la egipcia o la persa, ya jugaban a pegarle a una pelota con un palo, no podemos certificar que estos sean los orígenes del béisbol. Las primeras referencias a la práctica del béisbol las encontramos en libros juveniles escritos en Inglaterra y las primeras reglas de este deporte surgieron en Alemania.

Sus orígenes son bastante inciertos, así como el hecho de cómo llegó a Estados Unidos, pero está claro que en este país es donde cobró importancia y se popularizó; el primer equipo de la historia del béisbol moderno fue el New York Knickerbockers Base Ball Club y el primer partido se disputó en Nueva Jersey el 19 de junio de 1846. La Asociación Nacional de Jugadores Profesionales de Béisbol se fundó en 1875 y, con esta, la Liga Nacional.

122

El béisbol en los Juegos Olímpicos

En los Juegos Olímpicos, la presencia del béisbol no ha sido una constante. Fue deporte de exhibición en varias ocasiones y no se incluyó en el programa hasta Barcelona 1992. Tras la edición de Pekín 2008 se retiró del programa y se volvió a incluir en Tokio 2020, pero como deporte combinado con el sóftbol, como si de dos pruebas distintas se tratara: béisbol masculino y sóftbol femenino.

123

Con un palo y una naranja

Los Juegos Olímpicos modernos arrancaron el 6 de abril de 1896 en Atenas. Cuando finalizaron, el rey Jorge I de Grecia organizó un almuerzo al que asistió el vencedor de la prueba de los 100 metros vallas, Thomas Curtis. Según cuenta el mismo Curtis en sus memorias (*High Hurdles and White Gloves*), el rey estaba intrigado por aprender las costumbres de los estadounidenses y lo invitó a un pícnic que se celebraba en el valle de Daphne y en el que el béisbol se convirtió en un deporte de exhibición.

Ante el interés del príncipe heredero, futuro rey Constantino I, y su hermano Jorge, el atleta se vio «obligado» a demostrar cómo se jugaba a béisbol usando para ello un palo y una naranja. Ejerció de bateador con tanta destreza que la pelota se partió por la mitad y tiñó de naranja el uniforme de gala de Constantino. Su alteza real no se lo tomó a mal, pero, según Curtis, «la americanización de Grecia terminó ahí».

124

Hasta el corazón de los hombres a golpe de besos

El primer partido de béisbol disputado por mujeres tuvo lugar el 11 de septiembre de 1875, aunque fue durante la Segunda Guerra Mundial cuando se creó la primera liga profesional de béisbol femenino, la All American Girl Baseball.

Ideada por Philip K. Wrigley, fabricante de chicles y propietario de los Chicago Cubs en 1943, se regía por el mismo reglamento que el béisbol masculino, pero se acortaron las distancias entre las bases para simplificar las transiciones de las jugadoras. El objetivo de esta liga era evitar que un deporte tan importante como el béisbol perdiera popularidad. Para sumarle interés y llegar al corazón de los hombres, se buscaba que las jugadoras encarnaran el ideal femenino y por ello se resaltaban sus atributos a través de atuendos provocativos que poco dejaban a la imaginación: faldas o pantalones cortos de satén y los labios pintados. Durante los encuentros, además, se disputaban pruebas en las que las mujeres, a cambio de piropos, rifaban besos.

La liga fue todo un éxito: arrancó con tan solo cuatro equipos, pero cuatro años después de estrenarse ya fueron ocho los equipos que compitieron. Se mantuvo activa durante diez años.

125

Uno de los grandes

El japonés Ohtani Shohei es uno de los mejores beisbolistas del mundo, no solo por ser bidireccional, es decir, que puede jugar tanto en la posición de lanzador como en la de bateador con total maestría (versatilidad que pocos jugadores de béisbol poseen), sino por todos sus triunfos en las Grandes Ligas, algunos de los cuales le otorgaron la distinción de

MVP de la Liga Americana. Shohei ha ganado este premio tres años y las dos primeras veces, además, de manera unánime, algo que ningún otro beisbolista había conseguido. Con razón los niños japoneses quieren ser como Ohtani Shohei.

126

Récord de *home runs* en una temporada

Después de llevarse un oro olímpico en los Juegos de Tokio 2020, Munetaka Murakami no se detuvo ahí. Con 22 años, logró superar a Sadaharu Oh en la cantidad de *home runs* (o, lo que es lo mismo, recorrer todas las bases —y apuntarse así una carrera— después de que el bateador golpee la pelota) anotados en una misma temporada: Murakami estableció un nuevo récord en 56 en la Liga Japonesa, mientras que Sadaharu Oh alcanzó los 55.

Pero la cosa sigue: en mayo de 2024, con 24 años y 103 días, logró convertirse en el jugador más joven en conectar los 200 *home runs* en la Liga Profesional Japonesa (NPB). Esta vez, le arrebató el título a Kazuhiro Kiyohara, que tenía 25 años cuando alcanzó su carrera número 200 en 1992.

127

Un guante de boxeo, un palo de escoba y una pelota de gatitos

Así fue como George Hancock, un reportero de la *Chicago Board of Trade*, imaginó este deporte el día de Acción de Gracias de 1887.

Aguardaba el reportero los resultados de un partido de fútbol en el que se enfrentaban las universidades de Yale y Harvard cuando, al querer celebrar la victoria, un exalumno de Yale lanzó un guante de boxeo y otro de Harvard se propuso devolverlo golpeándolo con el palo de una escoba. El lanzamiento fue tan fuerte que el guante sobrevoló por encima del lanzador. Tras observar este episodio, Hancock publicó las reglas de este juego, concebido inicialmente para jugarse a cubierto; un año después, se empezó a jugar al aire libre. Aunque las reglas eran algo «vagas», se hizo muy popular.

Por otra parte, en 1895, el teniente Lewis Robert de los bomberos de Mineápolis (Minesota) dispuso un campo junto a su estación donde los bomberos se ejercitaban mientras esperaban a que sonara la alarma de incendios. Practicaban un juego al que se llamó «pelota de gatito», porque empleaban una bola de hilo envuelta en cuero. En 1907, Albert Spalding publicó una guía para el béisbol que se jugaba a cubierto y en el que la pelota era más grande que la de béisbol y los lanzamientos se efectuaban por debajo de la mano.

En 1926, Walter Hakanson propuso unificar las dos versiones del juego en una sola, que bautizó con el nombre de sóftbol.

128

El sóftbol en los Juegos Olímpicos

Tras varios intentos de Don Porter, secretario general de la Federación Internacional de Sóftbol, de introducir el sóftbol en el programa de los Juegos Olímpicos, por fin, veintinueve años, seis meses y trece días después, logró su propósito.

Debutó en los Juegos Olímpicos de Atlanta 1996 como deporte en el que solo competían las mujeres; el primer oro fue para Estados Unidos. En la edición de Sídney 2000 volvió a haber lugar para el sóftbol en las Olimpiadas y, de nuevo, las estadounidenses se llevaron el título de campeonas olímpicas. Repitieron en Atenas 2004.

La selección femenina de Estados Unidos logró veintidós victorias consecutivas hasta que el país nipón les arrebató el título en Pekín 2008. El sóftbol no volvió a incluirse en el programa olímpico hasta Tokio 2020, donde, de nuevo, el oro fue para Japón.

Boxeo

129

Fin de una carrera

El final de la carrera de un boxeador tiene un mal pronóstico. Un estudio de la Asociación Americana de Cirujanos Neurológicos ha determinado que una gran mayoría de estos deportistas, prácticamente el 90 %, acaban padeciendo daños cerebrales al terminar su carrera.

Si bien es cierto que han ido surgiendo reglas para mitigar las lesiones que provocan los golpes reiterativos y que se ha demostrado que el cerebro tiene cierta capacidad para regenerarse, la constancia aumenta el riesgo de padecer encefalopatía traumática crónica, problemas de conducta y cognitivos que pueden desembocar en demencia o Parkinson.

130

El primer reglamento del boxeo

Fue escrito por Jack Broughton con el objetivo de minimizar la crueldad de las peleas de puños clandestinas, en las cuales era frecuente que los boxeadores acabaran malheridos e incluso que murieran.

Este es el caso de George Stevenson, que falleció en 1741 al enfrentarse, precisamente, al creador de este primer reglamento que contenía las siete normas que serían la base de la London Prize Ring Rules. Esta normativa se mantuvo hasta 1867, cuando se estableció el código del boxeo moderno: las reglas del marqués de Queensberry.

Broughton también fue el artífice que ideó los cuadriláteros elevados que conocemos como «ring» e instauró el uso de guantes para los entrenamientos y las demostraciones.

131

Una espera de más de un siglo

Aunque en los Juegos Olímpicos normalmente las categorías masculinas han ido por delante de las femeninas a la hora de incorporarse al programa olímpico, algunos deportes han debido aguardar más que otros; este es el caso del boxeo, que se lleva el récord en cuanto a tiempo de espera.

Debutó como deporte solo para hombres en San Luis 1904, pero las mujeres no pudieron competir ¡hasta 108 años después! Otras disciplinas, como la halterofilia, la lucha libre, el remo y el waterpolo también han tenido que esperar un siglo para acoger a las atletas femeninas en la cita olímpica.

132

El primer campeón del mundo español

Fue el valenciano Baltasar «Sangchili» Belenguer Hervás que, aunque recibió los apodos de Bulldog Levantino, The Spanish Bulldog y El Torito de Torrent, se hacía llamar Sangchili en honor a un amigo suyo que se llamaba Chang-Chi-Li. El 1 de junio de 1935 se proclamó campeón del mundo en peso gallo frente a Alf Brown, en el combate que se disputó en la plaza de toros de Valencia.

133

El boxeador pasivo

Tras ganar notoriamente los tres combates previos que lo condujeron a la final, el sueco Ingemar Johansson subió al ring para competir por el oro contra el estadounidense Ed Sanders en los Juegos Olímpicos de Helsinki 1952, pero su actitud pasiva no solo le costó perder el oro, sino que le valió la descalificación.

Según Johansson, se limitó a seguir las directrices de su entrenador: adoptar una postura conservadora para cansar a su contrincante, pero se pasó de frenada. En el primer asalto se dedicó a pasearse por el ring y, en el segundo, el público aclamaba que atacara; tras la tercera advertencia del árbitro, se quedó sin posibilidad de disputar un tercer asalto y llevarse la medalla de plata.

Sin embargo, treinta años después, en 1982, el entonces presidente del COI, Juan Antonio Samaranch, le haría entrega de la medalla que no le fue otorgada en su momento, porque, según el periodista sueco Sven Ekstrom, su descalificación no se ajustaba al reglamento.

134

Manipulación sin límites

El 16 de junio de 1983 se disputó el combate de boxeo más sucio de la historia. En el Madison Square Garden de Nueva York, el estadounidense Billy Collins y el puertorriqueño Luis Resto se veían las caras.

Contra todo pronóstico, Resto se proclamó vencedor y acabó con la carrera de Collins, pues los golpes que le propinó durante la pelea le provocaron una pérdida casi total de la visión.

Resto y su entrenador, Carlos «Panamá» Lewis, no jugaron limpio: manipularon los guantes, a los que habían retirado el relleno, y cubrieron las vendas de yeso para intensificar los golpes. Ambos fueron vetados, juzgados y condenados, pero quien más sufrió sus trampas fue Billy Collins, que ya no pudo volver a competir.

135

Con una vida de película

Así podría definirse la trayectoria de Claressa Shields, la boxeadora estadounidense que siempre busca superarse a sí misma y que añade título tras título a su carrera.

Nació en el seno de una familia problemática: su padre fue encarcelado cuando ella apenas tenía dos años, su madre era alcohólica y, además, Claressa sufrió abusos sexuales cuando era niña. Gracias a su abuela, sin embargo, supo sobreponerse y, desde que encontró su pasión en el boxeo, no ha dejado de cosechar triunfos.

Ha participado en dos ediciones consecutivas de los Juegos Olímpicos (Londres 2012 y Río 2016) y en ambas se ha proclamado vencedora en la categoría de 75 kg, aunque también es campeona del mundo en peso mediano. T-Rex, como se la apoda, ha conseguido cinturones en tres categorías de peso distintas en tan solo diez combates (superwélter, mediano y supermediano), lo que la convierte en la boxeadora más rápida de la historia.

136

Los grandes del boxeo

La historia del boxeo está plagada de nombres de excepción y, aunque no seas un gran aficionado de este deporte, raro sería que no te sonaran. ¿Hacemos la prueba?

12 años consecutivos como campeón mundial convierten a Joe Louis, el Bombardero Marrón, en uno de los grandes de este deporte.

Archie Moore, la Mangosta, estuvo 28 años en activo y ganó 131 veces por nocaut; es el boxeador que más victorias ha logrado usando este método.

Un mito gracias a un impresionante récord: 91 combates seguidos sin ser derrotado. Sugar Ray Robinson hizo alarde de una agilidad, potencia y técnica incomparables en el ring.

El único boxeador que jamás ha sido derrotado bien merece ser considerado una leyenda del boxeo. Rocky Marciano disputó 49 combates, se proclamó vencedor de 43 por nocaut, y del resto, por puntos.

«El más grande», Muhammad Ali, un icono del boxeo que protagonizó algunos de los combates más legendarios de la historia, fue campeón del mundo en 3 ocasiones y ganó el oro olímpico en Roma 1960. Una leyenda en el ring, pero también fuera de este: Alí fue todo un referente por su activismo en defensa de los derechos civiles.

El boxeador más joven de la historia en convertirse en campeón del mundo de los pesos pesados tiene nombre propio: Mike Tyson.

Ciclismo

137

¡Sin frenos!

Desde que Karl Drais inventó la primera bicicleta, en 1817, han evolucionado hasta llegar a la que hoy en día conocemos. De hecho, los primeros «velocípedos» no tenían ni pedales ni frenos.

¿Sabías que las bicicletas del ciclismo en pista guardan cierta semejanza con sus predecesoras? Así es: ¡no tienen frenos! Además, son de piñón fijo; por lo que ¡tampoco tienen cambio de marchas!

138

Una carrera para aumentar las ventas

Ese fue el objetivo del periódico francés *L'Auto*, que, en 1903, ideó y patrocinó el primer Tour de Francia. Empezó siendo una competición dividida en seis etapas que abarcaban un total de 2.428 kilómetros por todo el país y cuya intención era atraer al público y, por ende, vender más ejemplares, pero cosechó tanto éxito que llegó a convertirse en una de las tres grandes pruebas del ciclismo actual.

A diferencia del Tour de Francia que hoy conocemos, los ciclistas no contaban con un equipo, sino que corrían individualmente y sin casco. Algunas etapas transcurrían de noche por unas carreteras que nada se asemejan a las actuales y las bicicletas, que pesaban cerca de los 20 kilos, no disponían de marchas. Evidentemente, tampoco había bicicletas de repuesto ni coches de apoyo, por lo que los recambios los llevaban a cuestas.

El primer ciclista en ganar el Tour fue un deshollinador de profesión, Maurice Garin, que obtuvo un margen con respecto al siguiente ciclista de nada menos que 3 horas, la diferencia más grande de la historia. Su premio fue el equivalente a unos 12.000 € de hoy en día.

139

Un héroe en bicicleta

No quiso hacer alarde, pero fueron muchos quienes se beneficiaron de sus heroicas acciones. El dos veces ganador del Tour de Francia y tres veces del Giro de Italia, Gino Bartali, tuvo un papel fundamental en una red clandestina que protegía a los judíos que se hallaban en peligro cuando Mussolini anunció que acabaría con ellos y que perderían la ciudadanía italiana. A lomos de su bicicleta, en cuyo marco escondía documentos falsos de imprentas clandestinas, ejerció de correo y recorrió miles de kilómetros con el pretexto de que estaba entrenando. Fue detenido e interrogado, y durante un tiempo vivió en la clandestinidad. También acogió en su casa a un amigo suyo y a su familia. Proezas como la suya salvaron la vida a un 80 % de los judíos italianos.

140

El primer español en conquistar el Tour de Francia

La primera victoria para los españoles en el Tour de Francia llegó de la mano de Federico Martín Bahamontes, apodado el Águila de Toledo, en 1959.

El ciclista toledano, que escalaba como nadie en las etapas de montaña, logró una ventaja de más de 5 minutos con respecto a Jacques Anquetil, el ídolo local.

141

En lo alto del ranking

Los españoles han logrado coronarse 12 veces en el Tour de Francia, lo que los sitúa en tercer lugar por detrás de Francia, que ha conseguido 36 victorias y Bélgica, que ha logrado 18.

Desde que Federico Martín Bahamontes, el Águila de Toledo, ganó el Tour y puso a los españoles en el mapa, 6 ciclistas más han logrado destacar en esta gran prueba: Luis Ocaña (1973), Perico Delgado (1988), Miguel Induráin (1991, 1992, 1993, 1994 y 1995), Óscar Pereiro (2006), Alberto Contador (2007, 2009) y Carlos Sastre (2008).

142

Los 2 min 40 s que le costaron un Tour

Eran las 17.16 del 1 de julio de 1989. A Perico Delgado le tocaba salir en la contrarreloj inaugural de Luxemburgo del Tour de Francia, pero Perico no llegaba. Estaba departiendo en la zona de calentamiento con Thierry Marie, ajeno al reloj. La cháchara y la impuntualidad le costaron el Tour, pero no porque perdiera 2 min 40 s en la contrarreloj, sino porque el monumental enfado que acarreaba aún empeoró más las cosas al día siguiente y no consiguió mejorar después. El vigente campeón del Tour dejó escapar su segundo título consecutivo por un «despiste».

143

En la *tête de la course*

No podemos hablar del Tour de Francia sin nombrar a Miguel Induráin, todo un icono del ciclismo español. El navarro no solo ganó en cinco ocasiones, sino que, además, fueron de manera consecutiva (desde 1991 hasta 1995). Si bien es cierto que Jacques Anquetil, Eddie Merckx y Bernard Hinault poseen la misma cantidad de victorias, Induráin fue el único que logró hacerlo en cinco años consecutivos.

144

Oros olímpicos para los españoles

En los Juegos Olímpicos de 1992, José Manuel Moreno Periñán fue el primer ciclista español en convertirse en campeón olímpico en ciclismo en pista al llevarse el oro en la contrarreloj.

Años más tarde, Joan Llaneras se subiría de nuevo al podio al ganar el oro olímpico en la carrera por puntos individual en Sídney 2000; hazaña que repetiría en Pekín 2008, con la que conseguiría la tercera medalla dorada para España.

Pero no queda ahí la cosa, pues el balear sumó otras dos platas para España: la primera en Atenas 2004, también en la carrera por puntos individual, y la otra en Pekín 2008, en la modalidad Madison.

145

Siempre en lucha

En lucha por conseguir ser la mejor, en lucha contra la anorexia. Leontien van Moorsel fue una de las ciclistas más laureadas de todos los tiempos y la que posee uno de los medalleros olímpicos más amplios. Antes de participar en los Juegos Olímpicos, la neerlandesa ya había sido campeona del mundo en ruta y en pista.

En 1993, su carrera se detuvo debido a un trastorno alimentario, pero también esa batalla la ganó y, en Sídney 2000, brilló y deslumbró al mundo: consiguió tres oros olímpicos (en ruta, contrarreloj y persecución individual) y una plata en carrera por puntos en pista; se convirtió, así, en la primera ciclista de la historia en ganar tres oros en una misma edición de los Juegos Olímpicos.

En la edición de Atenas 2004, pese a que sufrió una caída que mantuvo al público expectante, logró ganar un oro más en la contrarreloj y un bronce en la carrera por puntos en pista. En total en su medallero olímpico lucen seis lustrosas medallas.

146

Las tres Grandes Vueltas

Solo siete ciclistas han logrado ganar las tres Grandes Vueltas (Tour de Francia, Giro de Italia y Vuelta a España).

El belga Eddy Merckx ha sido el corredor que más títulos ha cosechado. En total son once los que figuran en su palmarés: cinco Giros de Italia, cinco Tours de Francia y una Vuelta a España. Lo sigue de cerca el francés Bernard Hinault, con diez títulos. Y después, un poco más lejos, están el francés Jacques Anquetil, con ocho; el español Alberto Contador y el británico Chris Froome, con siete; y los italianos Felice Gimondi, con cinco, y Vincenzo Nibali, con cuatro.

147

Los ganadores olímpicos españoles

España solo ha logrado ser campeona olímpica en ciclismo en ruta en dos ocasiones. El mérito se lo debemos a Miguel Induráin, que en Atlanta

1996 logró hacerse con el oro en la contrarreloj, y a Samuel Sánchez, que subió al podio el 9 de agosto de 2008, tras ganar en la carrera de ciclismo en ruta en la edición celebrada en Pekín.

148

En busca de la foto perfecta

Tour de Francia de 1999: Giuseppe Guerini se disponía a afrontar el último kilómetro del mítico puerto de montaña Alpe d'Huez, uno de los más duros del ciclismo. El italiano iba en cabeza y rodaba con una ventaja de más de 1 minuto sobre sus perseguidores: estaba claro que la victoria era suya. Pero, después de más de 220 kilómetros, en los últimos metros del recorrido, a un aficionado no se le ocurrió nada más brillante que situarse en medio de la carretera para sacar la foto perfecta: pillar al futuro ganador de frente. Ciclista y aficionado chocaron y Guerini acabó por los suelos. El italiano subió rápidamente a su bicicleta, ayudado por su «fotógrafo», y reemprendió la marcha; la ventaja se había reducido de más de 1 minuto a apenas 20 segundos; por fortuna, al hallarse a escasos metros de la línea de meta, el incidente quedó tan solo en un tremendo susto.

149

Bicicleta dopada

No solo pueden doparse las personas y a los animales. En ciclismo también puede haber dopaje mecánico... Es decir, un fraude tecnológico.

De eso se acusó a la ciclista belga Femke Van den Driessche, cuando, en el Campeonato Mundial de ciclocrós de 2016, se descubrió que su bicicleta escondía un motor. Fue suspendida durante seis años y obligada a devolver las medallas y la retribución por sus títulos.

150

El récord de la hora

Esta curiosa disciplina consiste en correr la máxima distancia posible en una hora en un velódromo. Desde que esta competición se inició, a finales del siglo XX, muchos son los cambios de reglamentación que ha experimentado, especialmente en relación con las innovaciones continuas que se hacían a las bicicletas para conseguir ganar aerodinámica.

El récord, a día de hoy, aún está en manos del británico Bradley Wiggins, que logró rodar una distancia de 54,526 kilómetros en 2015 en Londres. El récord femenino es el de la estadounidense Evelyn Stevens, con los 47,980 kilómetros que logró alcanzar en 2016.

Esgrima

151

Las raíces de la treta

La palabra «treta» procede del francés *traite*, que significa «tirada» y se asocia a la esgrima para designar, como define la Real Academia Española, el «engaño que traza y ejecuta el diestro para herir o desarmar a su contrario, o para defenderse», y pasa a utilizarse en su sentido figurado para referirse a cualquier artificio sutil e ingenioso para conseguir algo.

152

Cinco de cinco

Cinco medallas de oro en las cinco disciplinas de una misma edición de los Juegos Olímpicos, la de Amberes 1920. Tal hazaña la logró el italiano Nedo Nadi, el único que ha conseguido semejante hito.

Ganó las competiciones individuales de florete y sable, y en las dos por equipos de florete, espada y sable. Este atleta, además, fue condecorado por su país por el arrojo mostrado durante la Primera Guerra Mundial.

153

Con un as en el arma

El pentatleta ruso Boris Onischenko pasó a la historia por su ingeniosa —aunque deshonesta— táctica en las pruebas de esgrima.

En la edición de Montreal 1976, compitió contra el británico Adrian Parker, que protestó ante lo que parecía un mal funcionamiento del registro de golpes: aunque el ucraniano apenas lo rozaba, el marcador los sumaba como toques.

Las sospechas aumentaron cuando en otro encuentro, en este caso contra Jim Fox, sucedió lo mismo y los británicos volvieron a quejarse argumentando que los puntos ganados por Onischenko no habían sido legítimos, pues seguían subiendo al marcador, aunque no se hubiera dado el contacto físico.

Tras las continuas reclamaciones se abrió una investigación, se incautó el arma a Onischenko y, efectivamente, se descubrió que había sido manipulada: en la empuñadura habían dispuesto un artefacto con cables conectados a un botón que, al ser presionado, indicaba al marcador eléctrico que debía contabilizarse un toque, aunque este no se hubiera producido.

Obviamente, la descalificación fue automática, se desposeyó a Onischenko de sus medallas anteriores y se le prohibió volver a competir.

Fútbol

154

El fútbol, un invento chino

Las raíces del fútbol se remontan al periodo de la dinastía Song, entre el año 960 d. C. y el 1279 d. C., cuando los militares varones practicaban algo similar al fútbol: se llamaba *tsu'chu* y se jugaba con un balón de cuero, relleno de piel de animal o de plumas, que debía introducirse en la portería del equipo contrario sin usar las manos. La portería, en realidad, no era más que un agujero en medio de una tela que se tensaba con dos palos.

Sin embargo, el precedente del fútbol profesional que hoy conocemos tiene sus orígenes en la Inglaterra medieval; en este caso, en lugar de un balón de cuero empleaban la vejiga de un cerdo a modo de pelota, que también debían introducir en la portería del contrincante, situada al otro extremo de la ciudad. Estos encuentros fueron bastante violentos, hasta que se establecieron las primeras normas que lo transformaron en un deporte como tal.

155

El club de fútbol más antiguo

Se trata de The Ancients, nombre por el que se conoce al Sheffield Football Club, fundado el 24 de octubre de 1857 por Nathaniel Creswick y William Prest. Con más de ciento sesenta y cinco años, este club del sur de Inglaterra puede presumir de ser el más antiguo del mundo y el que más tiempo lleva en activo, pues a día de hoy sigue compitiendo.

156

Fútbol sin árbitro

Aunque hoy en día es difícil concebir el fútbol sin la figura del árbitro, hasta 1871 los partidos se disputaban sin ellos: se confiaba en la honradez de los jugadores para consensuar unas reglas, ponerse de acuerdo y evitar los conflictos.

La primera referencia a un árbitro la encontramos en 1871: en la reglamentación de la Football Association Challenge Cup —la primera competición de fútbol de la historia— se menciona a una especie de delegados que no pisan el terreno de juego y que solo asisten a modo de consulta. El poder de decisión no se le otorgó hasta 1891, cuando también aparecieron las reglas que regulaban los penaltis.

157

La primera jugadora de fútbol profesional

Las escritoras no son las únicas que, durante los siglos XIX y XX, tuvieron que esconderse bajo un seudónimo para que su obra saliera a la luz y fuera reconocida. Anita Carmona, cuyo nombre es muy probable que no te suene, nació en una época en la que el fútbol no se consideraba un deporte para mujeres, pero ella jugó y, además, de manera profesional.

Bajo el apodo de Veleta, se convirtió en un aclamado «jugador» del Vélez Club de Fútbol. Accedía al campo como limpiadora, disputaba el partido como Veleta y volvía a salir del estadio como cualquier otra mujer más. Unos tres años consiguió enmascarar su identidad, hasta que una regla instaurada por la recién estrenada Federación Sur de Fútbol hizo totalmente patente la prohibición de que las mujeres pudieran jugar al fútbol y, con la excusa de proteger a los jugadores, los guardias empezaron a asistir a los partidos; la envidia de sus compañeros haría el resto.

158

El día que los ovnis interrumpieron un partido de fútbol

Sucedió el 27 de octubre de 1954, en Italia, cuando el Fiorentina y el Pistoiese se enfrentaban ante unos 10.000 espectadores en el Estadio Artemi Franchi. A los pocos minutos después de iniciarse la segunda parte, el público, en lugar de centrar su mirada en el campo, observaba absorto el cielo, pues unos objetos sobrevolaban las gradas y el colegiado se vio obligado a suspender el encuentro. A día de hoy, aún nadie ha conseguido explicar de qué se trataba, como tampoco le han encontrado una razón plausible a la sustancia pegajosa que cuentan que cayó del cielo.

159

Y el Óscar es para...

Roberto «Cóndor» Rojas y la selección chilena, que urdió una de las estrategias más peliculeras para colarse en la final de la Copa del Mundo de 1990.

Brasil y Chile se enfrentaban en el estadio de Maracaná en un duelo por el paso a la final: la selección andina necesitaba ganar, mientras que a la brasileña le bastaba con el empate.

Brasil iba ganando 1 a 0, cuando, en el minuto 67, lanzaron una bengala al campo de juego. El portero chileno, Roberto «Cóndor» Rojas, se desplomó y se cubrió la cara con las manos; al retirarlas, tenía el rostro ensangrentado. Los miembros del equipo chileno reaccionaron, se negaron a continuar disputando el partido con la excusa de que temían por su seguridad y se llevaron a Rojas al túnel de vestuarios.

Lo que no previeron fue que un periodista argentino fotografiara el suceso de la bengala y que se descubriera así que no había golpeado al portero. El mismo Rojas, tiempo después, confesó haber escondido una cuchilla en uno de los guantes y haber aprovechado el imprevisto de la bengala para infligirse un corte en la ceja. Un plan orquestado por los miembros de la Federación Chilena para ganar la eliminatoria: el portero fue sancionado de por vida y la selección andina, obviamente, no pudo optar a la final.

160

Menores de 23 años

Como una medida para evitar que algunas selecciones destacaran —gracias a sus grandes estrellas— en detrimento de las pequeñas selecciones, en los Juegos Olímpicos de Barcelona 1992, el COI y la FIFA introdujeron esta regla: en los Juegos Olímpicos no podían participar futbolistas mayores de 23 años. Sin embargo, se permitía que hasta tres jugadores incumplieran esta norma y, a raíz de la pandemia de la COVID-19, aumentó en un año: desde entonces, los integrantes de la Sub-25 pueden mostrar sus dotes futbolísticas en la cita olímpica.

161

El primer oro de los españoles

El primer oro de la selección española masculina no llegaría hasta la edición de Barcelona 1992, en una final muy reñida contra Polonia y ante la atenta mirada de los 95.000 espectadores que llenaban el Camp Nou.

Los polacos se adelantaron en el marcador casi a las puertas del descanso, pero, en la segunda parte, Abelardo lo igualó y Kiko lo adelantó en favor de la selección. Poco duró la alegría, pues los polacos encajaron su segundo gol, con lo que el partido se igualó de nuevo. Hubo que sufrir hasta el tiempo de descuento, cuando Kiko, que recibió el balón que Luis Enrique disparó desde el borde del área, marcó el tercer gol que evitaría la prórroga y les concedería la victoria. España ganó a Polonia por 3-2.

162

Fútbol femenino en las Olimpiadas

El COI no decidió incluir el fútbol femenino como disciplina deportiva hasta los Juegos Olímpicos de Atlanta 1996. Participaron ocho selecciones y Estados Unidos se llevó el oro, la plata fue para China y Noruega ganó el bronce.

163

El rayo que fulminó a un equipo

En octubre de 1998, en Kasai, se disputaba un partido de fútbol en el que se enfrentaban el Bena Tshadi y el Basanga, ambos equipos de la primera división congoleña, cuando un rayo impactó sobre el terreno de juego y acabó con la vida de los once jugadores del Bena Tshadi e hirió a varios espectadores. Lo más curioso fue que los jugadores del Basanga salieron ilesos.

La Federación de Fútbol de la República Democrática del Congo proporcionó una explicación para atajar las acusaciones de brujería. Supuestamente, el hecho de que solo los jugadores de uno de los equipos murieran se debió a que usaban tacos de aluminio, lo que atraería la conductividad, mientras que los del equipo rival eran de plástico. Aun así, muchos permanecieron incrédulos y siguieron asociando el fatídico suceso a prácticas sobrenaturales.

164

Brasil, líder indiscutible

Desde que el fútbol para ciegos debutó en Atenas 2004, solo un país ha logrado el oro en todas las ediciones. No cabe duda: Brasil es el líder indiscutible en este deporte.

165

La roja para todos

Todos recibieron: los 11 titulares y los 7 suplentes de cada equipo. Un total de 36 tarjetas rojas son las que el árbitro Damián Rubino mostró cuando, en 2011, el encuentro que disputaban el Claypole y el Victoriano Arenas, de la quinta división argentina, se convirtió en una verdadera batalla campal. Este fue, sin duda, el partido con mayor número de expulsados de la historia del fútbol.

166

Señala dos veces el final del encuentro y ninguna cuando tocaba

Se disputaba la Copa Africana de Naciones de 2022. Túnez y Mali se enfrentaban en la fase de grupos; en el minuto 85, el árbitro Janny Sikazwe hizo sonar su silbato y decretó así el fin del encuentro. El partido se había acabado. Ante el asombro de todos, los jugadores y el cuerpo técnico de Túnez —que en ese momento perdía 1-0— protestaron. Ante las reclamaciones, el colegiado reanudó el partido, pero, de nuevo, volvió a señalar el final antes de los 90 minutos reglamentarios, concretamente en el 89. Las protestas afloraron de nuevo, pero, en esta ocasión, los jugadores se fueron al vestuario ante lo que parecía ser definitivo. Transcurridos 35 minutos del segundo anuncio de final de partido, la Federación Africana de Fútbol decidió que se jugarían 3 minutos más. Mali se lanzó al terreno de juego, pero Túnez, en señal de protesta, se negó. Mali, por supuesto, ganó el partido.

Qué le ocurrió al árbitro es algo a lo que intentaron dar una explicación tiempo después; por lo visto, Sikazwe sufrió un golpe de calor que le provocó confusión y pérdida de la noción del tiempo.

Gimnasia

167

La atleta con más medallas olímpicas

Se trata de la gimnasta ucraniana Larisa Latynina, que participó en tres ediciones de los Juegos (Melbourne 1956, Roma 1960 y Tokio 1964) y logró hacerse con un total de dieciocho medallas, de las diecinueve pruebas en las que compitió. Un récord de medallas que mantuvo casi durante medio siglo, hasta que Phelps se lo arrebatara en Londres 2012. Aun así, Latynina sigue siendo la atleta femenina con mayor número de medallas olímpicas.

Huérfana desde los once años, sobrevivió a la Segunda Guerra Mundial y ganó cinco oros en el Mundial de Moscú de 1958, cuando estaba embarazada de cinco meses de su primera hija, y tres oros más en los Juegos Olímpicos de Londres 1960 cuando estaba de tres meses de su hijo.

Larisa Latynina fue galardonada con la Orden Olímpica en 1989 y en 1998 ingresó en el Salón de la Fama de la Gimnasia Internacional.

168

Una gimnasta de 10

Probablemente, pocos serán quienes, al hablar de gimnastas, no piensen en Nadia Comaneci. Y cómo no, si la rumana consiguió que se modificaran los marcadores para que pudieran reflejar una puntuación como la que ella obtuvo en la edición de Montreal de 1976: un 10 perfecto. ¡El primero de la historia de los Juegos Olímpicos!

169

Sin fin

Así podría definirse la carrera de la gimnasta Oksana Chusovitina, que participó por primera vez en unos Juegos Olímpicos en Barcelona 1992, con tan solo 17 años y que, a sus 49, sigue todavía en activo.

A punto estuvo de poner punto final a su carrera en las Olimpiadas de Sídney 2000, cuando le diagnosticaron leucemia a su hijo de 3 años. También anunció su retirada en Tokio 2020, pero, de nuevo, continuó compitiendo. Convencida de participar en los que hubiesen sido sus novenos Juegos, una lesión en vísperas de los Campeonatos de Asia —donde iba a intentar clasificarse para París 2024— finalmente la dejó fuera.

170

Corta de edad…, pero larga de miras

En los Juegos Olímpicos de Verano de Sídney 2000, el equipo de gimnasia chino ganó una medalla de bronce. Sin embargo, aunque no es de extrañar que se retiren medallas después de otorgarlas, los motivos suelen ser por dopaje. No fue así en esta ocasión. China fue descalificada porque una miembro del equipo, Dong Fangxiao, aparentemente de diecisiete años, en realidad ¡no tenía edad para competir! La documentación había sido falseada y la Federación Internacional de Gimnasia confirmó, tras una investigación, que Fangxiao tenía tan solo catorce años en Sídney, cuando la edad mínima es de dieciséis.

171

Aliya de Hierro

Este es el apodo que se ganó la gimnasta rusa, Aliya Mustafina, por su aplomo a la hora de competir.

Aliya, hija de un deportista que en los Juegos de Montreal 1976 ganó un bronce en lucha, fue sin duda una guerrera que consiguió hacerse con siete medallas olímpicas en las dos ediciones en las que participó (Londres 2012 y Río 2016), dos de ellas de oro en asimétricas.

Probablemente sea una de las mejores gimnastas de los últimos tiempos, pues, además de sus medallas olímpicas, sumó otras doce a su colección gracias a los mundiales.

172

El salto más complicado del mundo

La gimnasta estadounidense Simone Biles no solo es la más laureada de todos los tiempos —entre Juegos Olímpicos y Campeonatos del Mundo atesora, ojo al dato, ¡41 medallas en total!—, sino que también da nombre a algunos de los ejercicios más difíciles de la disciplina.

En el Campeonato del Mundo de Amberes, en 2023, logró ejecutar el salto más complicado del mundo: el salto doble Yurchenko, que ahora lleva su nombre y se conoce como salto Biles II. Esta acrobacia consiste en correr a gran velocidad hasta el potro y efectuar una voltereta de espaldas con doble mortal y las piernas bien estiradas mientras la gimnasta se halla suspendida en el aire.

Pero no solo este ejercicio lleva su nombre, pues en total son cinco las acrobacias que ha bautizado: dos de suelo, dos de salto y una en barra de equilibrio. Sencillo, ¿no?

173

De los deportes más antiguos

Los orígenes de la gimnasia se remontan a la Antigüedad clásica, cuando los filósofos la recomendaban como una manera de equilibrar cuerpo y mente. Sin embargo, aunque la gimnasia tenga un largo recorrido, la rítmica no se consideró un deporte hasta 1961 y el primer Mundial no se celebró hasta 1963 en Budapest (Hungría). En 1881 se fundó la Federación Internacional de Gimnasia, ¡la más antigua del mundo!

En los Juegos Olímpicos, la gimnasia rítmica no formó parte del programa hasta la edición celebrada en Los Ángeles 1984, pero solo se disputaban pruebas individuales; las grupales no tuvieron cabida en las Olimpiadas hasta Atlanta 1996.

174

El arte del bien vestir

Como es bien sabido, la dificultad (la complejidad y la innovación en los movimientos, el control y el dominio), la ejecución técnica (la precisión, la limpieza, la fluidez de los movimientos y la postura corporal) y la parte artística y expresiva (la coreografía y la expresión corporal, la música, el ritmo y el movimiento) son los aspectos que los jueces evalúan en un ejercicio de gimnasia rítmica.

Pero ¿sabrías decir si el atuendo es muy importante? Pues la reglamentación a este respecto se compone de seis normas y su incumplimiento supone una penalización de 0,30 puntos por cada una. ¡El código sobre la indumentaria en gimnasia rítmica es sumamente estricto!

175

Cuatro finales olímpicas

La única gimnasta rítmica que ha logrado competir en cuatro finales de los Juegos Olímpicos no es rusa, sino española. Se trata de la vitoriana Almudena Cid, que disputó las finales de Atlanta 1996, Sídney 2000, Atenas 2004 y Pekín 2008.

176

Rumore, rumore

Aunque su vida ha estado envuelta en un constante vaivén de rumores por su supuesta relación secreta con el presidente de Rusia, Vladimir Putin, de quien se dice que es padre de sus hijos, no hay que desmerecer los logros de una de las mejores atletas del siglo XIX. Se trata de la gimnasta rusa Alina Kabaeva, una de las más laureadas de todos los tiempos. En su palmarés atesora 24 medallas de los Campeonatos de Europa, 14 de los Mundiales y 2 medallas olímpicas, el oro que ganó en Atenas 2004 y el bronce de Sídney 2000.

177

La más laureada

Desde que la gimnasia rítmica se incluyera en el programa (1984 en la modalidad individual y 1996 en la modalidad de conjunto), Rusia ha dominado los Juegos Olímpicos. Diez oros de diecisiete la posicionan como líder indiscutible de este deporte, por lo que destacar siendo rusa no es nada sencillo; sin embargo, con dos oros en gimnasia rítmica individual en las ediciones de los Juegos Olímpicos celebradas en Pekín 2008 y en Londres 2012, diecisiete títulos mundiales y trece europeos, la rusa Evgeniya Kanaeva se ha convertido en la más laureada de la historia.

Golf

178

El aviario del golf

Birdie, eagle, cóndor, albatros... ¿Alguna vez te has preguntado por qué los golpes en golf tienen nombre de pájaro?

Como sabrás, las puntuaciones en golf se calculan en función de los golpes que un jugador necesita para introducir la bola en el hoyo. Por ese motivo, en un mismo campo encontramos hoyos de par tres, cuatro o cinco —«par» procede del inglés *professional average result* y significa «rendimiento medio de un profesional»—. «Par» es el término que se emplea para designar el resultado que se supone que los jugadores deben obtener en cada hoyo.

Pues bien, todo empezó en 1899, en el Country Club de Northfield, en Nueva Jersey. Tres golfistas jugaban a golf cuando la bola de uno de ellos golpeó a un pájaro en pleno vuelo con tan buena suerte que la bola fue a parar a pocos centímetros del hoyo. Los jugadores asociaron esa buena suerte al «pajarillo» (*birdie*, en inglés). El término se empezó a extender entre los miembros del club para referirse al hecho de dar un golpe bajo par; es decir, completar el recorrido del hoyo con un golpe menos del que marca el estándar, o sea, el par, y de ahí se difundió por Estados Unidos y otros países.

Partiendo del primer pajarillo, empezaron a usarse otros nombres de aves más grandes para designar los mejores golpes: «eagle», para el dos bajo par (por ejemplo, introducir la bola en el hoyo en dos golpes en un par cuatro); «albatros», para un tres bajo par; «cóndor» para un cuatro bajo par, y el «el hoyo en uno», que es el único que no tiene nombre de ave.

179

El error que le costó un Masters

En el Masters de Augusta de 1968, Roberto de Vicenzo cometió un error garrafal que le hizo perder la oportunidad de competir en el desempate contra Bob Goalby que podía otorgarle la chaqueta verde. Firmó la tarjeta de puntuación en la que su compañero, Tommy Aaron, había anotado los puntos y había cometido un fallo: contó como par el birdie que De Vincenzo había hecho en el hoyo 17. Al firmarla, De Vincenzo asumió ese golpe de más, lo que lo posicionó en segundo lugar en la clasificación.

180

Un deporte extraterrestre

Solo el golf se ha jugado fuera del planeta Tierra: en 1971, Alan Shepard aprovechó su misión en el Apolo 14 para practicarlo en la Luna.

Antes del lanzamiento, Shepard se hizo fabricar un palo modificado; sus intenciones no formaban parte de los planes de la NASA, por lo que sorprendió al mundo cuando por televisión se retransmitieron sus dos golpes: un primero fallido, que se estampó contra un cráter, y un segundo golpe espectacular en el que la bola salió disparada y acabó engullida en la oscura inmensidad del espacio.

Medio siglo más tarde, Andy Saunders consiguió demostrar la distancia que Shepard habría logrado alcanzar con su segundo golpe: la bola tan solo recorrió 36 metros, pero la hazaña lunar quedaría grabada en la mente de todos los espectadores.

181

No se puede llegar tarde

Que se lo pregunten a Severiano Ballesteros, que fue descalificado por llegar siete minutos tarde al primer hoyo del Abierto de Estados Unidos de 1980. El golfista le echó la culpa al tráfico, pero, en realidad, fue debido a un error de planificación: el programa indicaba que salía a las 9.45, pero el español pensó que le tocaba a las 10.45.

182

La bola mágica

Una bola que siempre caía en el lugar más favorable. Evidentemente, no era mágica, pero el golfista escocés Dave Robertson se encargaba de llegar siempre primero al *green* para recolocarla a su antojo. Sucedió en el Open Británico de 1985, pero lo pillaron... y no salió impune. La penalización no se quedó nada corta: como medida disuasoria para los demás golfistas, le prohibieron jugar al golf durante veinte años y tuvo que pagar una multa de 5.000 libras esterlinas (o, lo que es lo mismo, casi 6.000 euros actuales).

183

El árbol de la discordia

Nos trasladamos a 1987, al Andy Williams Open: en el hoyo 14 de la tercera ronda, Craig Stadler golpea una bola que cae junto a un árbol. El golfista, para evitar ensuciarse sus pantalones de color claro, coloca una toalla en el suelo para arrodillarse sobre ella. Hasta aquí ningún problema, el torneo continúa, pero, al finalizar, le comunican que ha sido descalificado por emplear elementos externos.

La venganza llegó ocho años más tarde, cuando los responsables del campo de California decidieron talar el árbol que provocó la discordia. ¿Quién mejor que Stadler para quitarlo de en medio?

184

La bola traviesa

Podríamos intentarlo una y mil veces, y casi con total probabilidad sería imposible que lanzáramos una bola de golf donde Rory McIlroy, el número uno, consiguió introducirla en el PGA Tour Atlanta de 2014.

En la segunda ronda del Tour Championship, el norirlandés efectuó un lanzamiento desviado desde el hoyo 14, par 4, del East Lake Golf Club de Atlanta en Georgia; la bola no tenía un lugar mejor donde ir a parar que ¡el bolsillo del pantalón de un espectador! Menuda puntería la suya...

185

Como Pedro por su casa

Así debía de sentirse el espectador que, en 2021, en el Scottish Open, osó acercarse a la bolsa de palos de Rory McIlroy, en el *tee* de salida del hoyo 10, tomó un hierro y se puso a practicar. Como no podía ser de otro modo, los responsables de seguridad lo invitaron a abandonar el campo.

Halterofilia

186

Desde los inicios

La halterofilia es uno de los nueve deportes en los que se compitió en la primera Olimpiada de la era moderna, la celebrada en Atenas 1896. Después se excluyó del programa olímpico hasta que, en Amberes 1920, se volvió a incorporar y ya no desapareció. Las mujeres, sin embargo, no pudieron competir hasta más de un siglo después de su estreno; lo hicieron en Sídney 2000.

187

La única ganadora olímpica española

El honor se lo debemos a la ponferradina Lydia Valentín, la halterófila más laureada de nuestro país, que, en sus cuatro participaciones en los Juegos, logró hacerse con tres medallas en la categoría de 75 kg, una de cada color.

Sin embargo, solo en una ocasión pudo subirse a lo alto del podio, pues la medalla de plata y la de oro le fueron entregadas en la sede del COE después de que la Federación Internacional de Halterofilia detectara positivos en dopaje en las contrincantes que la precedían en el medallero.

En Pekín 2008 logró un quinto lugar, y en Londres 2012, el cuarto; en ambas ediciones fueron tres los casos de dopaje, cosa que le otorgó la segunda posición en 2008 y la primera en 2012.

188

Casi cuatro veces su peso

Este es el peso que levanta Sherif Osman, que compite en halterofilia adaptada en la modalidad masculina de hasta 59 kg, por lo que el atleta egipcio levanta ¡200 kg de peso!

En 2008 se llevó su primer oro en la categoría de hasta 56 kg, repitió el oro cuatro años después en la de 56 kg y sumó otro oro más a su palmarés en Río 2016, ya en la categoría de hasta 59 kg, y una plata en Tokio 2020.

189

El atleta más fuerte del mundo

Si los 200 kg de peso que consiguió levantar Sherif Osman fueron asombrosos, más aún lo fueron los 310 kg que levantó el dos veces campeón paralímpico Siamand Rahman, fallecido en 2020.

En los Juegos Paralímpicos de Río 2016, el iraní consiguió batir, con esta cifra, el récord mundial en la categoría de más de 107 kg.

Hípica

190

El Dulce Beso de la Muerte: la inusual victoria de Frank Hayes

Sweet Kiss (Dulce Beso): así se llamaba la yegua con la que Frank Hayes compitió en la carrera de obstáculos de Belmont Park de Nueva York, en 1923.

Hayes soñaba con ser yóquey y trabajar como mozo en los establos del señor Frayling le permitía estar cerca de su afición. Un día, la oportunidad se le puso delante: la señora Frayling quería que su yegua Sweet Kiss disputara la carrera de obstáculos y, al no encontrar al jinete adecuado, se lo propuso a Hayes, que, aunque superaba el peso que la yegua podía soportar, estaba decidido a cumplir su sueño y los días previos a la carrera se tomó muy en serio lo de ponerse a dieta.

El ansiado día de la carrera, ante la admiración de la señora Frayling y de los allí presentes, Hayes logró cruzar la línea a lomos de Sweet Kiss ¡en primera posición! Llegó tumbado sobre el lomo. Estaba exhausto, o eso pensaron... porque, cuando el médico se acercó para examinarlo, ¡hubo de certificar su muerte! Pocos metros antes de llegar a la línea de meta, Hayes sufrió un ataque al corazón. Cumplió su sueño, fue el primer y el último jinete en lograr tal hazaña: convertirse en yóquey y ganar una carrera ¡estando muerto!

Tras aquel amargo triunfo, la señora Frayling cambió el nombre a la yegua por el de Sweet Kiss of Death (Dulce Beso de la Muerte) y nunca más volvió a competir.

191

El primer podio olímpico para los españoles

Fue en Ámsterdam 1928: con la victoria en salto ecuestre por equipos de José Navarro Morenés, José María Álvarez de las Asturias Bohorques y Goyeneche (hijo del duque de Gor, uno de los primeros deportistas españoles en participar en las Olimpiadas) y Julio García Fernández de los Ríos, los españoles subieron al podio por primera vez.

Aunque los primeros españoles en ganar un oro fueron Francisco Villota y José de Amézola en pelota vasca en París 1900, nunca subieron al podio ni les otorgaron medalla alguna, porque su triunfo no fue reconocido hasta 2004. Durante 44 años (hasta Moscú 1980), el único oro para España fue el conseguido por estos jinetes militares.

192

Un oro por edición

La alemana Isabell Werth fue la primera jinete en ganar ocho oros olímpicos: uno por cada una de las Olimpiadas en las que ha participado desde Barcelona 1992, salvo en Atlanta 1996, en las que obtuvo dos. Es una leyenda de la doma y la equitación: con catorce medallas olímpicas conseguidas, Werth tiene actualmente el récord de metales ganados por un jinete.

193

A lomos de un caballo

Pepo Puch, que compitió en las Olimpiadas de Atenas 2004, sufrió cuatro años más tarde un accidente de equitación que lo dejó con una paraplejia incompleta, pero no por ello renunció a seguir montando.

El jinete participó en las ediciones de los Juegos Paralímpicos de Londres 2012, donde ganó dos medallas, una de oro y otra de bronce, y en Río 2016, donde consiguió otra medalla de oro en la prueba individual y otra de plata, en la de estilo libre.

Judo

194

De origen japonés con un toque francés

El judo tiene sus orígenes en Japón. Se trata de un arte marcial tradicional que bebía de los principios del jiu-jitsu, la técnica de combate de los guerreros samuráis.

En 1882, Jigoro Kano fundó su primer *dojo* en Tokio, que se llamaba Kodokan y que significa «escuela donde se aprende el camino», y aplicó algunas modificaciones que suavizaban la parte más incisiva del jiu-jitsu —de ahí que la palabra «judo» signifique «camino suave»—, pero el judo que hoy conocemos tiene un toque francés.

Hacia 1930, Mikinosuke Kawaishi, un maestro japonés, viajó a Francia y vio que el judo no había adquirido la popularidad que tenía en Japón; para occidentalizarlo, instauró el sistema de grados que clasificaba a los practicantes según fuera su nivel de aprendizaje. Hoy esta clasificación aún está vigente y también se aplica en Japón.

195

Escalera de color

Archiconocidos son los colores de los cinturones de judo, pero ¿sabías que cada uno guarda un simbolismo asociado a una capacidad o conocimiento?

Los colores de los cinturones, también llamados *kyu* (rango o grado), significan lo siguiente:

- Blanco: simboliza la ingenuidad, la transformación, el inicio de la práctica del judo.
- Amarillo: representa la búsqueda del arte; el descubrimiento del judo.
- Naranja: simboliza el amor, la ilusión, la fuerza. Se asocia al momento en que el yudoca es consciente de lo que supone practicar este deporte.
- Verde: simboliza la fe, la esperanza, la juventud, el crecimiento.
- Azul: representa el idealismo.
- Marrón: alude a la iniciación al camino del conocimiento y la consolidación de las raíces que comporta la práctica del judo.
- Negro: manifiesta la madurez, el cúmulo de conocimientos adquiridos, al maestro.

A partir del cinturón negro, siguen aumentando los grados: cinturón negro, del 1.er al 5.° dan; cinturón negro o rojo-blanco, para el 6.°, 7.° y 8.° dan; cinturón negro o rojo, para el 9.° y el 10.° dan, que representa el máximo rango y recibe el nombre de *judan*.

196

El estreno

El judo debutó como deporte olímpico masculino en la edición de los Juegos celebrada en Tokio 1964.

Las mujeres, sin embargo, no pudieron competir hasta Barcelona 1992 y las yudocas Miriam Blasco y Almudena Muñoz se estrenaron por todo lo alto, pues fueron las primeras españolas que lograron hacerse con el oro en una disciplina recién incorporada al programa olímpico. La primera en proclamarse campeona fue Miriam Blasco, en la categoría de menos de 56 kg.

Natación

197

El deporte más practicado en el mundo

Pese a que otros deportes despiertan el interés de un mayor número de aficionados, el más practicado en todo el mundo es la natación.

Se estima que habitualmente nadan a diario unos mil quinientos millones de personas, lo que deja en segundo lugar al fútbol, practicado por mil millones de personas.

198

Tarzán, medallista olímpico

Bueno, Tarzán no, pero sí Johnny Weissmüller, el actor que interpretó a Tarzán. En los Juegos Olímpicos de Ámsterdam 1928, logró hacerse con dos medallas de oro. Sin embargo, no pudo seguir demostrando sus dotes de gran nadador en las siguientes ediciones de los Juegos, pues no se lo permitieron ¡por haber sido modelo de trajes de baño!

199

Al estilo de Delacroix

En 1928, el mismo año que Tarzán participó en los Juegos Olímpicos, también lo hizo una nadadora que hizo replantearse el diseño de los trajes de baño.

Se llamaba Hilde Schrader y en la final de los 200 metros braza sufrió un percance con su bañador: la rotura de un tirante la dejó con un pecho al aire; apurada por procurar no perder del todo el bañador, la alemana aceleró la marcha y consiguió batir el récord mundial y hacerse con el oro.

No se sabe a ciencia cierta si la pérdida del traje de baño la impulsó a ganar o si ganó a pesar de tener que batallar con él, pero lo que sí se sabe es que quedó patente que los bañadores de la época no estaban bien diseñados para competir; así pues, en las décadas siguientes se perfeccionaron con la idea de favorecer la práctica deportiva.

200

Un oro, un récord y una boda

Todo esto fue lo que consiguió —de una tacada— el nadador francés Jean Boiteux en los Juegos Olímpicos de Helsinki 1952. Ganar no solo le procuraba una medalla, sino que también su padre, Gaston, cumpliera una promesa: permitirle casarse con su novia, Monica, a quien nunca había aprobado.

En la final de los 400 metros, con un tiempo de 4 min 30 s 7 ds, Jean Boiteux logró batir el récord. Gaston, que lo observaba desde la grada, no pudo contener su alegría y se tiró a la piscina, totalmente vestido y con la boina que tanto lo caracterizaba. Sin duda, padre e hijo abrazados en el agua fue la imagen de aquellas Olimpiadas.

201

La más laureada

La nadadora con discapacidad visual Trischa Zorn, originaria del condado de Orange (Estados Unidos) y que compitió en 7 ediciones de los Juegos Paralímpicos, entre los años 1980 y 2004, ha sido la deportista paralímpica más condecorada de todos los tiempos; logró ganar nada más y nada menos que 55 medallas, 41 de las cuales fueron de oro.

202

El hombre que apenas sabía nadar

Como era de esperar, no pisó el podio ni de lejos, pero su participación en los Juegos Olímpicos de Sídney 2000 quedó marcada en la memoria de todos los espectadores.

Eric Moussambani se ofreció para representar a su país en la cita olímpica tras escuchar en la radio que el COI había otorgado cupos a países en vías de desarrollo; entre estos, Guinea Ecuatorial, el suyo.

Moussambani quiso unirse al equipo de atletismo, pero no quedaban plazas, por lo que le ofrecieron competir en natación. El guineano apenas sabía nadar y se entrenó durante solo cinco meses, una media de tres horas a la semana, en la única piscina que había en Malabo, que se encontraba en un hotel privado y que no tenía más de 10 metros de largo.

El 19 de septiembre de 2000, Moussambani completó los 100 metros libres en una piscina olímpica para él solo, pues sus otros dos competidores, Karin Bare, de Nigeria, y Farkhod Oripov, de Tayikistán, hicieron una salida en falso. El guineano a punto estuvo de ahogarse, pero consiguió dar el giro y llegó, exhausto, pero llegó. También logró registrar el peor tiempo de la historia: 1 min, 52 s y 72 ds.

203

Olímpica y paralímpica

Natalie du Toit es el nombre de la nadadora sudafricana que ha logrado participar —y también ha sido la abanderada de su país— tanto en los Juegos Olímpicos como en los Paralímpicos. Y no solo eso, sino que en los Juegos Olímpicos de Pekín 2008 compitió en natación en aguas abiertas ya con una pierna amputada. En los Paralímpicos, además, obtuvo el oro en trece ocasiones y la plata en dos más. Se retiró en Londres 2012 tras convertirse en toda una leyenda.

204

Una medalla y un récord por día

El nadador Mark Spitz sorprendió al mundo cuando, en los Juegos de Múnich 1972, participó en siete pruebas disputadas en siete días y se llevó un oro en cada una. Y no solo eso, sino que también estableció un récord mundial en cada una.

El estadounidense se convirtió en el atleta que mayor número de oros había ganado en una misma Olimpiada, un récord que duró treinta y seis largos años, hasta que los ocho oros olímpicos de Michael Phelps en los Juegos Olímpicos de Pekín 2008 lo destronaron.

205

Un palmarés único

Con la astronómica cifra de 28 medallas, 23 de ellas de oro, Michael Phelps probablemente es el mejor atleta olímpico de la historia. Incluso si no nos fijamos solo en natación, los que lo siguen en el ranking quedan muy lejos del récord del imbatible nadador de Baltimore: Katie Ledecky (14 medallas, 9 de ellas de oro); Jenny Thompson (12 medallas, 8 de ellas de oro) y Mark Spitz (11 medallas, 9 de ellas de oro).

206

Como pez en el agua

Mireia Belmonte, la nadadora española más laureada, parece haber nacido para conquistar las aguas. Fue la primera nadadora española en ganar un oro olímpico en Río 2016; en 2017, se proclamó vencedora en el Mundial de Budapest; en piscina corta, no subió al podio una vez, sino siete; y en los Campeonatos Europeos consiguió trece oros más (nueve de ellos en piscina corta).

Su colección de triunfos no acaba ahí. Fue la primera nadadora que logró bajar de los 2 minutos en los 200 metros en piscina corta y con una marca de 1:59.61, batió el récord mundial. Además, la plusmarquista también posee el récord del mundo en piscina corta en 400 metros estilos (4 min 18 s 94 ds). ¿Se siente o no como pez en el agua?

207

El Phelps paralímpico

Se trata del brasileño Daniel Dias, que, en las tres ediciones consecutivas de los Juegos Paralímpicos, desde que debutó en 2008 en Pekín hasta 2016 en Río, ha acumulado en su haber 24 medallas de oro. Ha sido el atleta de natación adaptada más condecorado de la historia de los Juegos Paralímpicos.

Natación artística

208

De un tanque a la competición

Las primeras competiciones en natación artística tuvieron como protagonistas a los hombres; este deporte, en que se combinan acrobacias acuáticas con música, tiene su punto de partida en los ballets acuáticos de finales del siglo XIX e inicios del XX, que se basaban en técnicas de salvamento.

A principios del siglo XX, tuvieron a una protagonista que decantó la balanza en favor de las mujeres: se llamaba Annette Kellerman, y, tras su exhibición en un tanque de agua situado en el hipódromo de Nueva York, este deporte se popularizó y se empezó a asociar más a las mujeres que a los hombres.

209

Una sirena rusa

Rusia ha dominado el medallero olímpico en natación artística. Desde Sídney 2000 ha logrado ganar doce oros consecutivos y, sin duda, Svetlana Romashina ha sido una estrella destacada. Se adjudicó siete oros en sus cuatro participaciones en la cita olímpica, desde Pekín 2008 hasta Tokio 2020. Además, también posee veintiún oros de los Mundiales y trece de los Campeonatos Europeos.

210

De nadadora artística a socorrista

Andrea Fuentes Fache, que compitió en tres ediciones y conquistó cuatro medallas olímpicas para su palmarés —algo que solo cinco deportistas españoles más han conseguido—, decidió no alejarse del todo de las piscinas tras retirarse de la competición y empezó a ejercer como entrenadora de la selección estadounidense de natación artística.

En 2022, durante el Campeonato del Mundo celebrado en Budapest, vivió un episodio que nunca olvidará. La nadadora Anita Álvarez sufrió un desmayo mientras realizaba su solo en la final y Andrea, sin pensarlo dos veces, se lanzó al agua para salvarla. Lo que podía haber sido una tragedia quedó en un susto gracias a la reacción de la catalana.

Pelota vasca

211

Deporte idiosincrásico

Los especialistas en pelota vasca difieren sobre el origen real de este deporte. Sin embargo, parece muy probablemente que provenga del *jeu de paume* que se practicaba en Europa y que, gracias a las adaptaciones que el pueblo vasco fue aplicando en este «juego», fue evolucionando hasta distinguirlo de otros deportes de pelota. Por lo tanto, podría decirse que se trata de un deporte distintivo de la comunidad vasca.

212

Pelotas vivas y muertas

Así se clasifican las pelotas en pelota vasca, según sean más rápidas (vivas) o más lentas (muertas). Se fabrican artesanalmente y son tan dispares como modalidades de juego hay, pero en todas ellas se establece esta distinción en función de la velocidad que adquieran.

213

¿Se puede ganar un oro olímpico sin competir?

Sin duda, y, si no, que se lo pregunten al madrileño José de Amézola y al alavés Francisco Villota, que en los Juegos Olímpicos de París 1900 hicieron historia al convertirse en los primeros españoles en conseguir una medalla de oro.

Sin lugar a dudas, la suya fue una de las competiciones que menos esfuerzo requirieron, porque los pelotaris, que competían en cesta dobles, ganaron sin disputar un solo partido: sus contrincantes, Durquetty y Echegaray, optaron por retirarse porque no estaban de acuerdo con las reglas del torneo. Su no comparecencia otorgó el triunfo automáticamente a los españoles.

Piragüismo

214

El dominio del agua

Birgit Fischer, con su kayak, dominó las aguas por primera vez en los Juegos Olímpicos de Moscú 1980. Lo consiguió con tan solo 20 años, lo que la convirtió en la campeona de piragüismo en aguas tranquilas más joven de unas Olimpiadas.

Participó en 6 ediciones, casi consecutivas, pues en Los Ángeles 1984 no pudo asistir a causa del boicot de Alemania del Este. Desde su debut hasta Atenas 2004, Birgit es la cuarta atleta olímpica con más medallas (12 en total, 8 de las cuales son de oro) de los Juegos Olímpicos de Verano. Por delante de ella, solamente están la gimnasta Larisa Latynina (con 18 metales, 9 de ellos oro); la nadadora Katie Ledecky (con 14, 9 de ellos de oro) y la jinete Isabell Werth (con 14, 8 de ellos de oro).

215

Bicampeón olímpico

No podemos hablar de piragüismo sin mencionar al catalán —asturiano de adopción— Saúl Craviotto, quien con sus dos oros (Pekín 2008 y Río 2016) —algo que solo seis deportistas españoles han logrado—, sus dos platas (Londres 2012 y Tokio 2020) y su bronce (Río 2016) se convierte en el deportista español que más medallas olímpicas ha cosechado, junto con David Cal, que también cuenta con cinco metales olímpicos.

Craviotto ha demostrado con creces dominar el kayak en aguas tranquilas, no solo en la cita olímpica, sino también a escala mundial, pues se ha proclamado campeón del mundo en cuatro ocasiones.

Remo

216

La primera, cancelada

El remo ha estado presente en todas las ediciones de los Juegos Olímpicos de la era moderna; sin embargo, en la primera edición, la de Atenas 1896, hubo que cancelar la competición, porque se disputaba en el mar y la climatología no permitió que pudiera celebrarse. Así pues, oficialmente este deporte debutó en la edición de París 1900.

Fue también en esta edición en la que España debutó en las Olimpiadas (lo hizo también compitiendo en esgrima y en pelota vasca). Los primeros remeros españoles fueron Antonio Vela Vivó —que disputó dos pruebas: *scull* individual y cuatro con timonel— y Orestes Quintana, Juan Camps Mas, José Fórmica-Corsi y Ricardo Margarit Calvet, que compitieron en cuatro con timonel.

217

El sorprendente caso del ganador improvisado

Sucedió en los Juegos de París 1900, en remo, en la disciplina masculina dos con timonel, competición que hoy en día ya no existe. Cuatro eran las parejas que se disputaban el premio: tres francesas y una holandesa.

La pareja holandesa la conformaban Roelof Klein y François Antonie Brandt, que iban acompañados del timonel Hermanus Gerardus Brockmann. El hecho de que Brockmann pesara 60 kilos hizo que los holandeses, que partieron como favoritos, se vieran en clara desventaja en las eliminatorias, si tenemos en cuenta que sus contrincantes franceses llevaban niños al mando del timón.

Para encauzar la situación, Klein y Brandt hicieron algo impensable hoy en día: sustituyeron a Gerardus por un niño francés que encontraron a orillas del Sena. Era un mero espectador, pero su corta edad (entre siete y doce años) y su reducido peso contribuyeron, y mucho, a que la pareja holandesa se alzara con el triunfo.

El pequeño participó en la ceremonia de entrega de premios —aunque el oro se lo dieron a Gerardus Brockmann— y posó en la foto. Después de aquello, sin embargo, nunca se supo nada más del improvisado ganador, ni su edad exacta ni su nombre, pese a que los historiadores se pasaron años investigando aquel extraño suceso.

218

La voz de la inclusión

Fue la de Alice Milliat, que competía en remo. Ante las reticencias de incluir pruebas para las mujeres en los Juegos Olímpicos, la francesa hizo carrera en política en pro de la igualdad.

Fue presidenta de la Federación de Deportes Femeninos, organización que fundó los Juegos Olímpicos Femeninos. El pronóstico de este evento era de un fracaso estruendoso; sin embargo, fue todo un éxito que contribuyó a que el COI se planteara la inclusión de nuevas pruebas exclusivas para las mujeres; así es como, en la edición de Ámsterdam 1928, las mujeres pudieron competir en unas pruebas concretas de atletismo y en gimnasia artística.

Rugby

219

Con balones redondos

¡No ovalados, sino redondos! Así son los balones que se emplean en el rugby en silla de ruedas, deporte que inicialmente se denominó *murderball*, que significa «balón asesino», debido al estruendo que provoca la silla de ruedas. Es un deporte agresivo en el que el ruido, los pinchazos e, incluso, las caídas están a la orden del día. En esta modalidad de rugby adaptado se combinan elementos de su homólogo, del baloncesto y del balonmano; de ahí que los balones sean esféricos para facilitar el agarre.

220

Los hombres de negro

Si te preguntáramos qué es el *haka*, puede que te pilláramos desprevenido, pero ¿y si asociamos la palabra *haka* con baile y rugby? ¡Ah, la danza de los All Blacks! Aunque no seamos fervientes aficionados del rugby, raro sería que no la hubiéramos visto en alguna ocasión o que no hubiéramos escuchado hablar de ella.

Pues sí, el equipo de rugby de Nueva Zelanda, los All Blacks, han dado a conocer la danza tradicional maorí al mundo, la Ka Mate. Este ritual de guerra se escenificó en el terreno de juego por primera vez el 3 de octubre de 1888 y, desde entonces, ha ido ganando repercusión. Tanto es así que en 2005 incluso presentaron una nueva *haka*, Kapa O Pango, compuesta específicamente para estos hombres de negro.

Skateboarding

221

El hombre pájaro

Hablamos de Tony Hawk, uno de los mejores skaters de la historia y todo un icono en este deporte. No tuvo ocasión de subirse a un podio en los Juegos Olímpicos porque en la historia olímpica este deporte es muy reciente; no hizo su debut hasta Tokio 2020 y Hawk se retiró del skateboarding profesional en 2003. Sin embargo, esta leyenda del deporte sobre la tabla ganó en más de setenta competiciones e inventó más de ochenta trucos. A sus más de cincuenta y tres años, sigue sorprendiendo con sus acrobacias sobre un monopatín.

222

La niña prodigio

Sky Brown empezó a practicar skate de muy joven: su padre la grabó cuando tenía cuatro años y se hizo viral.

A los diez años, ya era toda una profesional, aunque no tenía entrenador: veía vídeos en YouTube y lo que aprendía lo llevaba a la práctica en los skate parks.

En 2016, la anglojaponesa compitió en el Vans US Open ¡con tan solo ocho años! La más joven que nunca haya participado en este evento. Pero aún hay más... Con solo trece años y once días participó en sus primeros Juegos Olímpicos. Fue en Tokio 2020 y, para colmo, se llevó la medalla de bronce, con lo que se convirtió en la medallista más joven del Reino Unido.

Brown es toda una inspiración para los jóvenes; a su edad, ya ha participado y ganado en los Juegos Olímpicos, ha escrito un libro, ha suscrito contratos millonarios con algunas marcas —es la deportista más joven a la que Nike patrocina—, hay incluso una muñeca Barbie de la deportista y una ilustración de los Simpson, y colabora en proyectos benéficos. Domina el skate, pero también es una maestra del surf y del canto y del baile.

Surf

223

De los más recientes

El surf, junto con la escalada deportiva, el skateboarding y el kárate, se estrenaron como deportes olímpicos en la edición de Tokio 2020. Aunque en la década de 1920 ya se hizo campaña para que el surf se incluyera en el programa olímpico, la petición se demoró. Los Juegos Olímpicos de París 2024 ya han reunido a los mejores surfistas del mundo y lo mismo ocurrirá en Los Ángeles 2028.

224

Primeros medallistas olímpicos

En los Juegos de Tokio 2020, en los que el surf debutó como deporte olímpico, dos fueron los nombres protagonistas que abrieron el medallero y se convirtieron en los primeros campeones olímpicos: el brasileño Ítalo Ferreira, que, en 2019, ya fue coronado campeón del mundo al ganar en el Pipe Masters de Hawái, y la estadounidense Carissa Moore, pentacampeona del mundo.

Moore se hizo con su primer Campeonato del Mundo con dieciocho años, lo que la convirtió en la surfista más joven en ganarlo hasta la fecha. A los veintiuno, la incluyeron en el Salón de la Fama del Surf e incluso, en su Hawái natal, tiene un día propio: el 4 de enero.

225

En busca de la ola perfecta

Durante la edición de París 2024, se viajó a los confines de la tierra para encontrar la ola perfecta.

Por primera vez en la historia, una competición olímpica se disputó fuera del país de la ciudad anfitriona e, incluso, fuera del continente. La sede olímpica distaba 15.000 km de París, en el Pacífico Sur. Más concretamente, en Tahití, donde puede encontrarse la mítica ola de Teahupo'o, que se halla en un arrecife, a 200 kilómetros mar adentro. Los surfistas, pues, no lo tuvieron nada fácil para llegar hasta allí. Un dato curioso: los días de competición se alojaron en un crucero.

Taekwondo

226

Cinco continentes

Los atletas de Corea del Sur son los que más medallas poseen en el taekwondo olímpico, pero en el taekwondo adaptado está mucho más repartido, pues cuenta con campeones mundiales de casi todos los continentes.

227

Dos en uno

¿Sabías que en el mundo son dos las grandes organizaciones enfocadas a la práctica del taekwondo? La Federación Mundial de Taekwondo (WT, antes WTF, por su sigla en inglés) y la Federación Internacional de Taekwondo (ITF, por su sigla en inglés). Aunque el arte marcial que se practica en ambas comparte nombre y orígenes coreanos, la práctica es bien distinta; incluso el reglamento, la nomenclatura, las técnicas y las formas varían.

Podría decirse que el estilo de la ITF, que es el heredado del general Choi Hong-hi, está más enfocado a la defensa personal, es más tradicional y, por ende, se asemeja más al kárate; suele considerarse que es el de Corea del Norte. El de la WT, que es más moderno y más enfocado a la competición (el que se emplea en los Juegos Olímpicos), suele considerarse el estilo de taekwondo de Corea del Sur.

228

Con faldas y a lo loco

Gracias a su vestimenta, Pita Taufatofua se convirtió en el atleta más viral. Compitió en taekwondo en las Olimpiadas de Río 2016 y Tokio

2020; y en esquí de fondo, en las de invierno de Pyeongchang 2018. Pero lo que le convirtió en todo un líder de masas fue ser el abanderado de su país, Tonga, en la ceremonia de apertura de los Juegos de Río.

Ataviado con una *ta'ovala* (una especie de falda hecha de plásticos, hojas de pandano y fibras de hibisco, y con el torso descubierto y untado con aceite), Taufatofua recibió más de 45 millones de menciones en X —la red social anteriormente conocida como Twitter)—, lo que le supuso recibir una gran cantidad de proyectos publicitarios. Incluso Hollywood se interesó en él.

Pero este atleta no solo creó un gran revuelo en Río 2016, ya que en los Juegos de Invierno de Corea del Sur volvió a lucir el torso, pero esta vez ¡con temperaturas bajo cero!

Tenis

229

Estadio y torneo con nombre de aviador

Nos referimos tanto al torneo por excelencia en tierra batida como al estadio que lo alberga, es decir, al Roland Garros, que debe su nombre a un piloto de aviación francés, el primero que logró atravesar el Mediterráneo sin hacer escalas.

230

Sin despeinarse

En 1897, Adine Masson se convirtió en la primera campeona femenina del Roland Garros al imponerse a Suzanne Richardine Girod; los dos años siguientes, no encontró rival.

En los campeonatos de 1898 y 1899, Masson fue la única que se inscribió para disputar los dos torneos, por lo que, sin necesidad de despeinarse, fue proclamada vencedora. ¡La máxima vencedora de aquel entonces, porque había ganado tres títulos consecutivos!

Cabe decir que Masson volvió a hacerse con el trofeo en 1902 y 1903, y, esta vez sí, pisando la pista, sudando la camiseta y compitiendo contra rivales de carne y hueso.

231

Mujer de oro

Charlotte Cooper fue la primera atleta femenina en conseguir un oro en los Juegos Olímpicos. Lo hizo en París 1900, cuando las mujeres aún jugaban al tenis con largas faldas. Se enfrentó en la prueba individual a la francesa Hélène Prevost, pero también ganó en dobles mixtos junto con Reginald Doherty.

Consiguió su primer título individual a los 25 años, en 1895, en Wimbledon, torneo que logró ganar en cuatro ocasiones más (1896, 1898, 1901 y 1908); el último con casi 38 años, lo que hizo que se convirtiera en una de las personas más veteranas en ganar el torneo, un récord que aún hoy en día sigue vigente.

232

El cocodrilo René Lacoste

¿Quién no identifica la marca Lacoste con el logotipo del cocodrilo? La asociación es automática, pero lo que no es tan sabido es que su creador fue René Lacoste.

El tenista francés, que en 1927 fue número uno del mundo, vinculó su apellido al nombre de la marca de ropa que creó y promocionó. La imagen del cocodrilo se la debemos a su apodo, pues así lo llamaban, el Cocodrilo.

233

La culpa fue de la tele

¿Sabías que las primeras pelotas de tenis eran de color blanco o negro según el campo en el que se jugara?

Pues sí, el cambio al color amarillo se dio en 1972, cuando los partidos empezaron a retransmitirse por televisión y, después de realizar un estudio, se dieron cuenta de que el color amarillo permitía que el recorrido de las bolas se distinguiera mejor.

Aun así, en el Campeonato de Wimbledon se mantuvo la tradición de las pelotas blancas hasta transcurridos catorce años desde que la Federación Internacional de Tenis decidiera implantar esta nueva medida de cambio de color.

234

Jugando bajo la lluvia

Con paraguas incluido: el que el tenista rumano Ilie Nastase le tomó prestado a un espectador cuando se disponía a devolver el saque de Dick Stockton, que iba ganando por 2 sets a 1. Era la cuarta ronda del torneo de Wimbledon de 1974 y había empezado a lloviznar. La estrategia de distracción no duró mucho y Stockton acabó ganando el partido, pero la anécdota fue una de las más divertidas del popular torneo y aún perdura en la mente de muchas personas.

235

En el Salón de la Fama

Brad Alan Parks, medallista paralímpico en la edición de Barcelona 1992, fue el primer tenista en silla de ruedas en ingresar en el Salón de la Fama del Tenis Internacional. Además, fue pionero en la práctica del tenis en silla de ruedas. Sucedió por casualidad, cuando durante el proceso de recuperación de la caída que había sufrido mientras esquiaba en una competición, y que lo había dejado paralizado de cintura para abajo, empezó a practicar tenis a modo de terapia. En 2002, la Asociación de Tenis de Estados Unidos (USTA, por su sigla en inglés) creó el premio Brad Parks para galardonar a quienes más aportaran al desarrollo de este deporte.

236

La pedida de Wimbledon

«Steffi, ¿quieres casarte conmigo?». Esa fue la proposición que un espectador lanzó desde la tribuna del estadio de Wimbledon cuando, en 1996, Kimiko Date y Steffi Graf disputaban la semifinal femenina. El público no logró contener la risa y la alemana no se abstuvo de responder con otra pregunta, que hizo que las carcajadas se multiplicaran: «¿Cuánto dinero tienes?». No hubo final feliz para la tenista y su fan, pero Graf ganó el partido y el título del Grand Slam.

237

Un desnudo improvisado

Sucedió también en 1996, pues Wimbledon atesoró ese año algunas de las anécdotas más recordadas de este popular campeonato. Una espontánea, Melissa Johnson, de 23 años, saltó a la pista justo antes de que se iniciase la final masculina que disputaban el estadounidense MaliVai Washington y el neerlandés Richard Krajicek. Lo irónico no fue que la aficionada invadiera la pista, algo ya de por sí inusual, sino que lo hiciera luciendo únicamente un delantal que le cubría la zona púbica y que levantó al pasar, ante la atenta mirada de los tenistas.

238

Primeras hermanas en ganar el oro en dobles

Solo hay dos tenistas femeninas que hayan logrado cuatro oros olímpicos, ¿adivinas de quiénes se trata?

Efectivamente, de las hermanas Williams. Venus y Serena son las reinas de las Olimpiadas, pero no solo individualmente, sino que el tándem funciona de manera espectacular y, si no, retrocedamos a la edición de los Juegos de Sídney 2000, donde lograron convertirse en las primeras hermanas en ganar el oro olímpico en dobles de tenis; hito que repetirían en Pekín 2008 y que revalidarían en Londres 2012.

239

Un partido en tres días

Fue el que se disputó en el año 2010 en Wimbledon. Si el tenis ya es de por sí un deporte agotador, que le pregunten a John Isner y Nicholas Mahut cómo fue el que, sin duda, se ha convertido en el partido más largo de la historia.

Tuvo que disputarse en 3 días y en total duró 11 fatigables horas y 5 minutos; es decir, 665 minutos, que se distribuyeron en 3 jornadas debido a que la falta de luz natural impedía continuar la batalla.

Como no podía ser de otro modo, el esfuerzo de los tenistas recibió un reconocimiento: en la cancha 18, donde se celebró el partido, luce una placa en su honor.

Tenis de mesa

240

Todo empezó con unos libros, un corcho y unas cajas de puros

Así se cuenta que empezó a ponerse en práctica este deporte: de un modo totalmente improvisado.

A finales del siglo XIX, en Inglaterra, las clases acomodadas solían distraerse después de las comidas con este juego que simulaba al tenis hierba. Para ello, empleaban lo que tuvieran más a mano, por lo general, unos libros que disponían sobre la mesa y que hacían las veces de red, también unas cajas de puros a modo de raquetas y un tapón de corcho de alguna botella de champán como pelota.

241

Con más historia

El tenis de mesa adaptado es más longevo que su homólogo olímpico, pues formó parte del programa olímpico desde su primera edición, en Roma 1960, mientras que en los Juegos Olímpicos no se incorporó hasta Seúl 1988.

El tenis de mesa paralímpico es el tercer deporte en cuanto a número de atletas y, aunque en sus inicios solo competían tenistas en silla de ruedas, hoy en día lo practican deportistas con una vasta gama de discapacidades. Tanto es así que, en los Juegos Paralímpicos de Río 2016, el egipcio Ibrahim Hamato, que carece de brazos, sujetó la pala con la boca para competir.

242

Un intercambio de pelotas que transformó las relaciones internacionales

Este fue el efecto que surtió el tenis de mesa en lo que se ha conocido como la «diplomacia del ping-pong». En los años setenta, las relaciones entre Estados Unidos y China estaban muy deterioradas debido a que habían apoyado a bandos distintos en la guerra de Corea.

En 1971, durante el Mundial de Tenis de Mesa que se disputaba en Nagoya (Japón), tuvo lugar un suceso que fue más allá de la mera anécdota. El tenista estadounidense Glenn Cowan subió al autobús equivocado: el de los jugadores chinos. Zhuang Zedong y Cowan, sin saberlo, iniciaron el deshielo de las relaciones entre sus países al entablar una conversación en aquel autobús; Zedong, además, le regaló una serigrafía a Cowan, que el estadounidense quiso devolver, pero, como en aquel momento no disponía de nada que pudiera darle, convinieron verse al día siguiente. Un encuentro del que la prensa se hizo eco.

Las ganas de Cowan por conocer China fueron el siguiente paso hacia la conciliación entre ambos países, pues Mao Zedong tramitó la invitación para que los jugadores estadounidenses visitaran el país, algo que no sucedía desde hacía un cuarto de siglo. Pocas semanas después, Nixon levantó el embargo a China y anunció una visita oficial con el objetivo de retomar las relaciones.

Tiro

243

Una diana minúscula

El tiro con carabina de aire comprimido es una modalidad deportiva en la que se emplean armas de aire comprimido o balines y el objetivo es acertar en el blanco, pero ¡la diana es minúscula! Tan solo mide 0,5 milímetros de ancho, lo que vendría a ser un punto en un papel impreso.

244

El hombre de la mano izquierda

El tiro no se incluyó en los Juegos Paralímpicos hasta Toronto 1976, pero casi treinta años antes ya hubo un tirador con discapacidad que ganó el oro en dos ocasiones en los Juegos Olímpicos.

Nos referimos a Karoly Takacs, un atleta húngaro que perdió la mano derecha cuando, en un entrenamiento militar, explotó una granada. Durante su recuperación aprendió a disparar con la mano izquierda y, en los Juegos de Londres 1948 y en los de Helsinki 1952, consiguió proclamarse campeón.

245

La primera iraní medallista en tiro

Se llama Sareh Javanmardi y en los Juegos Paralímpicos de Río 2016 logró proclamarse vencedora de tiro deportivo adaptado; se convirtió con esta hazaña en la primera mujer iraní en conseguir una medalla de oro en este deporte. Ganó en las modalidades de pistola de aire comprimido de 10 metros (P2) y en la de pistola mixta de 50 metros (P4).

Tiro con arco

246

De los Paralímpicos a los Olímpicos

Neroli Susan Fairhall debutó en los Juegos Paralímpicos en 1972; compitió tanto en tiro con arco como en atletismo. En Arnhem 1980, la neozelandesa repitió en ambos deportes y, además, se llevó el oro en tiro con arco y estableció un récord mundial. Cuatro años más tarde se convirtió en la primera atleta con una discapacidad en competir en unos Juegos Olímpicos. En Seúl 1988 y Sídney 2000 volvió a mostrar sus dotes como arquera, de nuevo en los Juegos Paralímpicos.

247

El arquero que encendió el pebetero

Sucedió en la ceremonia de apertura de los Juegos Olímpicos de Barcelona 1992. El madrileño Antonio Rebollo ha sido el único arquero paralímpico en recoger la llama, tensar el arco, apuntar y encender el pebetero olímpico, situado a 67 metros de altura.

248

Por partida doble

Zahra Nemati, que debutó como arquera en los Juegos Paralímpicos de Londres 2012, no solo se convirtió en la primera mujer iraní en ganar un oro olímpico, sino que en Río 2016, con pocas semanas de diferencia, compitió en los Juegos Olímpicos y en los Paralímpicos; algo que no sucedía desde Atlanta 1996, cuando la italiana Paola Fantato también hizo doblete en un mismo año.

Vela

249

Un estreno peculiar

La vela ha estado presente en todas las ediciones de los Juegos Olímpicos, salvo en dos: en la primera de la era moderna, Atenas 1986, debido a que hubo que cancelarla por las inclemencias climáticas; y la segunda en San Luis 1914, pues no se incluyó en el programa olímpico.

Así pues, la primera competición de vela tuvo lugar en París 1900, y su estreno fue de lo más original porque hubo de disputarse en dos puntos distintos del río Sena: en Meulan y en la desembocadura del río, porque se empleaban barcos de crucero grandes que, debido a su tamaño y al calado del río, no podían navegar por ciertos tramos.

250

Salto de esquí y vela

De invierno a verano. Jacob Tullin Williams, considerado uno de los mejores saltadores de esquí de los años veinte, se hizo con el oro en la categoría de salto en trampolín largo en la edición de los Juegos Olímpicos de Invierno de 1924, celebrada en Chamonix. Doce años más tarde, cambió los esquís por la vela y, esta vez en la edición de verano de Berlín 1936, formó parte del equipo de vela con el que ganó la medalla de plata en la categoría de vela de 8 metros. El noruego fue uno de los pocos atletas que participó en los Juegos de Verano y de Invierno y que fue medallista en ambos.

251

Un rescate en alta mar

Año 1996, en plena competición de la Vendée Globe —una de las regatas de vela más extremas: dar la vuelta al mundo en solitario, sin hacer escalas ni asistencia—, el británico Pete Goss recibió una llamada de socorro de otro navegante, el francés Raphael Dinelli, que temía por su vida porque los vientos de 130 km/h azotaban su velero y se estaba hundiendo en el Antártico. Goss no lo dudó, viró y puso rumbo hacia donde se hallaba su rival. Dos días tardó en llegar, pero, por suerte, Dinelli logró sobrevivir. También completó la regata en 126 días y 21 horas, el tiempo mínimo registrado por un británico hasta entonces. La reina Isabel II le otorgó un reconocimiento por su proeza y el presidente de Francia lo galardonó con la Legión de Honor.

Voleibol

252

La cancha sin limpiar...

Como sucede con todos los deportes, no surgen de un día para el otro, sino gracias a las reglas que se van adoptando y van evolucionando. ¿Te imaginas, pues, cómo era el voleibol antes de que apareciera la figura de los moperos?

Los moperos, para quien no lo sepa, se encargan de limpiar el suelo para velar por la seguridad de los jugadores y garantizar que el juego se desarrolle sin contratiempos. Se clasifican en dos tipos: los normales y los rápidos. Los normales intervienen durante los tiempos técnicos y en el tiempo entre sets; los rápidos pueden actuar durante un fuera de juego. Si los jugadores deciden limpiar el suelo con su propia toalla, el partido no se detendrá y el árbitro podrá imponerles una falta o sancionarlos con una advertencia de pérdida de tiempo por interrumpir el juego con el pretexto de limpiar.

253

Bote, bote

Algo que no paran de hacer los jugadores de voleibol. ¿Sabías que el promedio de saltos por partido es de unos 70? Evidentemente, este número varía en función de la posición que los jugadores ocupen en el terreno de juego. Este total equivaldría a la suma de los distintos tipos de saltos: bloqueo, remate, saque, defensa o armado. También hay que tener en cuenta la cantidad de sets; según el estudio de Luna, Pino, Gómez y Alonso de 2002, en un partido de 3 sets se efectúan unos 58 saltos; en los de 4 sets, unos 76; y en los de 5 sets, unos 90.

254

Récord de velocidad

Así es el saque del cubano, nacionalizado polaco, Wilfredo León: el más veloz de la historia del voleibol. En la Superliga italiana de 2020, León consiguió servir a 138 kilómetros por hora, con lo que batió la anterior marca de 134 kilómetros por hora que ostentaba el italiano Ivan Zaytsev. Por si alguien dudaba de su potencia de saque, en el Campeonato Europeo de 2023 igualó su propia marca en el partido que disputaban Polonia y Dinamarca.

255

El más alto

El iraní Morteza Mehrzad, que ganó una medalla de oro en los Juegos de Río 2016, mide 2,46 metros debido a la enfermedad congénita: acromegalia, un trastorno por el que la glándula pituitaria produce demasiada hormona del crecimiento y provoca un crecimiento anormal de las extremidades y el rostro. Su altura lo ha convertido no solo en el atleta paralímpico más alto de voleibol sentado, sino en el segundo hombre más alto del mundo.

Waterpolo

256

A lomos de un caballo de madera

Así es como nació el waterpolo, que inicialmente se llamaba «polo acuático». Surgió en Inglaterra en torno al 1869 y 1870 como un juego de entretenimiento. Subidos sobre barriles vacíos que emulaban a unos caballos y que conducían por los ríos o los lagos donde se disputaban los partidos ayudándose de un remo, los cuarenta jugadores —veinte por equipo— golpeaban un balón con el que habían de marcar goles. Podemos hacernos una idea de la algarabía que debía de formarse y, ¡ojo!, iban armados con remos... Podría decirse que los inicios de este deporte no fueron precisamente pacíficos.

257

El salto al agua

El juego del polo acuático fue evolucionando y surgieron unas primeras reglas bastante rudimentarias. Se abandonaron los «caballos» y los jugadores pasaron a disputar los partidos directamente en el agua, sin la ayuda de remos ni de otros elementos flotantes. Aunque pudiera parecer que entonces se reduciría la peligrosidad del juego, nada más lejos de la realidad, pues las «batallas acuáticas» se trasladaron al fondo de las turbias aguas: bucear, esconderse la pelota en el bañador y hacer alarde de la fuerza bruta estaban a la orden del día.

Evidentemente, las normas se fueron adaptando y, aunque hubo una rivalidad en torno a si los partidos debían regirse por las reglas estadounidenses (que daban más pie a la violencia) o las angloescocesas, la Federación Internacional de Natación Amateur (FINA), que se creó en 1908, finalmente determinó que debían adoptarse estas últimas, que fueron la base de la reglamentación actual.

258

Del cuero a la goma

El balón, como era de suponer, evolucionó junto con las normas del juego. Inicialmente era de cuero, como en otros deportes de pelota —el rugby o el fútbol, por ejemplo—, pero al mojarse pesaba mucho (imaginaos el impacto que debía de tener en las «batallas acuáticas»), de modo que la FINA determinó en 1936 cambiarlo por uno de goma, que sería de color rojo. No fue hasta doce años más tarde cuando se sustituiría el rojo por el amarillo que hoy conocemos, con el objetivo de mejorar la visibilidad.

259

La primera competición española

En 1907, Bernat Picornell fundó, junto con dieciséis amigos, el primer club de natación de España: el Club Natación Barcelona (CNB). Su primera sede fue el Gimnasio Solé, cuyo campo de entrenamiento se ubicaba en los Baños Orientales de la Barceloneta: allí precisamente se disputó, el 12 de julio de 1908, el primer partido de waterpolo que se jugaría en España.

260

El máximo goleador de la historia del waterpolo español

Manel Estiarte, el capitán que en los Juegos Olímpicos de Atlanta 1996 llevó a la selección española a ganar el oro, es considerado el mejor waterpolista español de todos los tiempos y no lo decimos nosotros, sino que entre 1986 y 1992 fue elegido mejor jugador de waterpolo del mundo en 7 ocasiones consecutivas.

Compitió en 6 ediciones de los Juegos y fue nombrado máximo goleador en 4: en total logró marcar 127 goles, el récord hasta la fecha. Estiarte también posee el récord de mayor cantidad de goles en una sola edición de los Juegos, conseguido en Los Ángeles 1984: sus 34 goles son una cifra que nunca ha sido igualada.

En su larga trayectoria profesional, el catalán acumuló 580 partidos internacionales disputados con España (45 de los cuales fueron olímpicos) y 1.563 goles (de ellos, 127 olímpicos). ¿Quién podría superar semejantes marcas?

DEPORTES DE INVIERNO

Biatlón

261

Las raíces

La palabra «biatlón», que designa al deporte que combina el esquí de fondo y el tiro, proviene del griego y su significado es, precisamente, «dos pruebas». Empezó a practicarse en Escandinavia, cuando las personas, al salir a cazar, portaban un rifle y se calzaban unos esquís para transitar por los bosques nevados. Que esta práctica llegara a convertirse en deporte es algo que debemos a los regimientos de esquiadores noruegos, que en el siglo XVIII organizaron las primeras competiciones para militares.

262

Keep calm

El biatlón requiere ser rápido esquiando, pero también ser preciso y saber concentrarse. Los atletas fácilmente pueden alcanzar una frecuencia cardiaca de doscientos latidos por minuto al esquiar, pero, al llegar al punto de tiro, necesitan disminuir el pulso y reducir la frecuencia cardiaca a ciento veinte latidos por minuto, todo ello en menos de un minuto. El biatlón requiere, a diferencia de otros deportes, poner a prueba tanto las capacidades físicas como las mentales.

263

El más condecorado de los Juegos de Invierno

El atleta que mayor cantidad de medallas ha conseguido en los Juegos de Invierno es Ole Einar Bjørndalen. El noruego cuenta con un total de trece medallas —ocho oros, cuatro platas y un bronce—, obtenidas en las seis participaciones en las Olimpiadas desde que debutó en Lillehammer 1994.

Bobsleigh

264

Bobsleigh con reminiscencias españolas

Y es que el precursor del bobsleigh tuvo nombre español: Ricardo Soriano. Un aristócrata salmantino de cuna, pero afamado en Marbella (donde le dedicaron una avenida) por ser el primer promotor de la Costa del Sol, que también fue un inquieto aventurero y un prolífico inventor.

Algunas de sus múltiples invenciones fueron un verdadero éxito, aunque Soriano nunca se preocupó por patentarlas: un motor ignífugo para aviones; un coche para competir en automovilismo, el Soriano-Pedroso; la moto Soriano; motores fueraborda que incluso el ejército estadounidense empleó durante la Segunda Guerra Mundial; un vehículo para la nieve llamado Velo-Ski; otro ideado para el salvamento de los montañeros, que recibió el nombre de Motoluge; y el trineo Gredos, el precursor del bobsleigh.

Como a principios del siglo XIX este deporte aún no era oficial, no obtuvo la repercusión que podría tener hoy en día, pero Soriano cambió la madera por el acero para construir su trineo y le proporcionó aerodinámica al adaptar la forma delantera a una especie de torpedo que permitía alcanzar velocidades de escándalo. Unas velocidades para las que las pistas no estaban preparadas, por lo que también hubo que adaptarlas.

265

Sin hielo

El bobsleigh debutó como deporte olímpico ya en la primera edición de los Juegos de Invierno, en Chamonix 1924, como un deporte a cuatro. En los Juegos de Lake Placid 1952 se incluyó el evento a dos.

En 1964, sin embargo, este deporte se vio afectado por un serio problema: ¡la escasez de nieve! Para que pudieran disputarse las competiciones tanto de este deporte como las de luge y esquí alpino, hubo que recurrir al ejército austriaco, que se dedicó a extraer hielo de las laderas de la montaña y a transportarlo hasta las pistas.

266

Boxeo y bobsleigh

Eddie Eagan es uno de los cinco deportistas que no solo participó en los Juegos Olímpicos de Verano y de Invierno, sino que también se llevó un oro en ambos. En la edición de Amberes 1920 demostró ser un excelente boxeador en la categoría de peso ligero masculino y, aunque nunca había practicado el bobsleigh, en la edición de invierno de 1932 en Lake Placid formó parte del equipo estadounidense, que ganó el oro en la competición a cuatro.

267

La primera medalla de bobsleigh para los españoles

Llegó de la mano de un aristócrata español, el marqués Alfonso de Portago. En 1956 constituyó el primer equipo de bobsleigh español para participar en los Juegos Olímpicos de Invierno celebrados en Cortina d'Ampezzo. En esa ocasión no consiguieron subir al podio, pero al año siguiente, en el Mundial de Saint Moritz, se hicieron con el bronce: la única medalla, hasta la fecha, que los españoles han ganado en este deporte.

268

Los caribeños en los Juegos Olímpicos de Invierno

No ganaron el oro, pero sí se ganaron a los espectadores. En Calgary 1988, por primera vez en la historia, un equipo de jamaicanos compitió en bobsleigh. Con pocos meses de antelación y entrenando en un clima tropical, raro sería que se hubieran proclamado vencedores, pero poco debían de imaginar que se harían famosos y que Hollywood acabaría produciendo una película, *Elegidos para el triunfo*, inspirada en su historia.

Curlin

269

Una piedra única

Las piedras o rocas que se emplean en curlin están fabricadas de granito extraído de unas canteras muy concretas, las de Ailsa Craig, una isla escocesa ubicada en Clyde. Se trata de una reserva natural famosa por sus piedras de granito azul, que la acción del viento y del mar han pulido a lo largo de millones de años. Esta isla se encuentra a dieciséis kilómetros de la costa oeste de Gran Bretaña y su extensión no supera el kilómetro cuadrado de superficie. La piedra pulida pesa exactamente 19,1 kg y la única empresa que puede fabricarla de manera oficial para los Juegos Olímpicos de Invierno es, desde 1924, Kays Curling.

270

Con nombre escocés

La piedra única que se emplea en curlin es la que da nombre a este deporte y hace referencia al sonido que hace al deslizarse por el hielo, pues, en escocés, el verbo *curr* significa «un pequeño ruido»; de ahí que a este deporte se lo conozca como «juego rugiente».

271

Curlin adaptado

Dos son las reglas del curlin adaptado que difieren con respecto a su homólogo: en curlin en silla de ruedas no se puede barrer, pero sí existe la posibilidad de ayudarse de un palo para efectuar los lanzamientos, y los equipos siempre tienen que ser mixtos. El curlin adaptado debutó en los Juegos Olímpicos de Invierno de Turín 2006.

Esquí

272

El esquí mitológico

La palabra «esquí» proviene de *skíð*, que en nórdico antiguo significa «trozo de madera». Gráficamente se adaptó del noruego (*ski*), pero la pronunciación se adaptó del inglés, porque en sueco y en noruego suena como [shi]. Además, en la mitología nórdica también encontramos a la diosa del invierno, que se llama Skaði y, según se dice, vivía en las nevadas montañas. Esta diosa, que, normalmente, se ha representado vestida de blanco, no solo era una gran arquera, sino también una excelente esquiadora.

273

Dejarse los dientes

O casi... En los Juegos de Invierno celebrados en Garmisch-Partenkirchen 1936, el finlandés Kalle Jalkanen tuvo que detenerse en la prueba de relevos 4×10 de esquí de fondo para recuperar la dentadura postiza que accidentalmente se le había caído; pese a casi dejarse los dientes, logró colgarse la medalla de oro.

274

Repetición instantánea

Esta tecnología ampliamente usada tiene su origen en la prueba de eslalon de esquí alpino. Más concretamente, de los Juegos de Squaw Valley 1960, cuando los jueces solicitaron a la CBS que revisara las grabaciones porque no estaban seguros de si un esquiador había fallado en una puerta. A partir de entonces, recurrían a la CBS cada vez que surgía una duda.

275

El único oro en los Juegos de Invierno

Francisco Fernández Ochoa ha sido el único español que ha logrado llevarse el oro en unos Juegos de Invierno. Lo hizo en Sapporo 1972, en esquí de fondo, en la prueba de eslalon especial.

276

Con treinta y cinco pares

Esa es la cantidad de esquís con los que la estadounidense Mikaela Shiffrin viajó a Corea del Sur para participar en los Juegos de Pyeongchang 2018. Pocos, si tenemos en cuenta que, cuando se inicia la temporada de competiciones, que dura seis meses, suele llevarse unos setenta pares. Tiene una explicación: la esquiadora suele participar en las cinco disciplinas, mientras que otros atletas solo compiten en dos o tres, y cada modalidad requiere un instrumental específico que, además, también tiene que ser apropiado según cuáles sean las condiciones climatológicas y del terreno.

Hockey sobre hielo

277

El palo es lo importante

Lo que importa no es la superficie (hierba o hielo) ni lo que se calce (botas o patines), sino el *stick*, pues el nombre de «hockey», aunque se trate de un deporte cuya versión moderna empezó a practicarse en Inglaterra, proviene de *hocquet*, una palabra francesa que significa «bastón».

278

Prácticamente indestructible

En hockey sobre hielo no empezaron a emplearse discos hasta 1860. Antes se usaba una pelota, pero el rebote dificultaba la práctica del deporte. Estos discos, que tienen que soportar golpes de hasta 170 km/h, debían de resultar indestructibles, por lo que se fabrican con goma vulcanizada y, antes de cada partido, se congelan para reducir la fricción.

Luge

279

El más rápido

Bobsleigh, luge y skeleton son tres de los deportes de deslizamiento en trineo de la edición de invierno de los Juegos. Son, sin duda, de los más arriesgados, pues los atletas alcanzan velocidades de infarto. De estos tres deportes, el luge se lleva la palma: los competidores pueden alcanzar los 140 km/h.

280

Un poquito de calor

En los Juegos Olímpicos de Invierno de 1968, celebrados en Grenoble, el equipo femenino de luge de Alemania Oriental sacó un sobresaliente: el primer puesto, el segundo y el cuarto para Ortrun Enderlein, Anna-Maria Máller y Angela Knásel.

La alegría, sin embargo, no les duró mucho, pues se descubrió que calentaban ilegalmente las cuchillas de sus trineos para que la fricción contra el hielo se redujera.

281

La más laureada en luge

Se trata de la alemana Natalie Geisenberger, que ha demostrado ser una de las mejores atletas en luge. En su colección de medallas lucen, bien lustrosos, seis oros y un bronce. Lleva ya cuatro participaciones en los Juegos —empezó en la edición de Vancouver 2010— y en todas y cada una ha logrado llevarse al menos una medalla.

Patinaje

282

Deporte de reyes y escritores

Los orígenes del patinaje se remontan hasta la Edad Media, cuando los holandeses aprovechaban los canales de agua congelada para trasladarse de un punto a otro. Paulatinamente, se fueron creando pistas artificiales y, con ello, la constitución de clubes.

¿Sabías que escritores como Goethe o reyes como Napoleón III y María Antonieta sentían predilección por este deporte? María Antonieta incluso mandó inundar una plaza para que se convirtiera en una pista de patinaje donde sus hijos pudieran disfrutar patinando.

283

La primera campeona

La británica Madge Syers, que compitió individualmente en patinaje artístico en la edición de 1908 celebrada en Londres, estrenó el medallero; se coronó como la primera mujer en conseguir el oro en los Juegos de Invierno. En la competición por parejas, la ganadora fue la alemana Ana Hübler, junto con Heinrich Burger.

284

Un bebé y un oro

A lo largo de la historia olímpica han sido varias las mujeres que han competido en estado de buena esperanza, pero la primera que lo hizo y que logró subirse al podio fue la sueca Magda Julin, que compitió en patinaje artístico en la edición de Amberes 1920, cuando tenía veintiséis años y estaba embarazada de cuatro meses.

285

Marcando estilo

Es lo que consiguió Cecilia Colledge al hacer un doble salto. La patinadora británica más joven en competir en unos Juegos Olímpicos de Invierno (en Lake Placid 1932), con tan solo once años y setenta y tres días, marcó tendencia para los futuros patinadores: logró hacer un doble salto e inventó la vuelta en camello y el giro inclinado hacia atrás, lo cual definió nuevos estándares para este deporte.

286

El primer axel doble

El primer doble axel, o salto triple, se lo debemos al cinco veces campeón del mundo y dos veces campeón olímpico Richard Totten «Dick» Button. En los Juegos Olímpicos de Oslo 1952 se arriesgó con el triple salto y le salió a la perfección; tanto es así que los jueces le otorgaron la mayor puntuación posible.

287

Una vida de película, pero no por sus méritos

Sino por protagonizar uno de los mayores escándalos deportivos de la historia. La primera patinadora estadounidense que logró realizar un triple axel, Tonya Harding, pasó a ser *vox populi* cuando su rivalidad con Nancy Kerrigan trascendió de la pista de hielo.

A día de hoy, aún no se sabe cuál fue el grado de implicación de Harding en el suceso, pero sí que el agresor que el 6 de enero de 1994 golpeó a Kerrigan en las piernas para impedirle competir en las Olimpiadas de ese mismo año fue un sicario contratado por el exmarido de Harding, Jeff Gillooly.

Las trampas y el posible complot fueron el punto final de la carrera de esta prometedora patinadora, cuya vida acabó estando en boca de todos, incluso del presidente Barak Obama, que se refirió a ella, en tono de sorna, en un discurso de su campaña presidencial. Algunas series de televisión, como *Seinfeld* y *Los Simpson*, también se hicieron eco de su historia. En 2017 se rodó *Yo, Tonya*, una película inspirada en los hechos, que le valió el Globo de Oro a su protagonista, Margot Robbie, y un Oscar a la mejor actriz de reparto, Alisson Janey, en el papel de su madre.

288

Siempre sobre hielo

El siciliano Orazio Fagone debutó en 1988 en los Juegos Olímpicos de Invierno en velocidad en pista corta, cuando esta prueba aún se consideraba un deporte de demostración. Después competiría en dos ediciones más: en Albertville 1992 y en Lillehammer 1994, donde consiguió hacerse con el oro en la prueba de relevos de 5.000 metros.

En 1997, el italiano sufrió un fatídico accidente de tráfico, pero el hecho de que hubieran de amputarle una pierna no lo alejó del hielo: en el invierno de 2006 volvió a la competición, esta vez como jugador de hockey sobre trineo.

Salto de esquí

289

Desde el principio

El salto de esquí, que tiene su cuna en Noruega, es uno de los deportes de invierno que mayor expectación suscita. Se incluyó ya en la edición de 1924 celebrada en Chamonix, la primera de los Juegos Olímpicos de Invierno, y no ha faltado a ninguna de las posteriores citas olímpicas. Las mujeres no pudieron competir hasta la edición de Sochi 2014.

290

Una cuestión de altura

Los saltos de esquí son una modalidad deportiva muy espectacular por la distancia que recorren los atletas y la técnica que requiere; y, aunque los saltadores nos mantienen en vilo desde que inician el descenso por la pista en dirección al trampolín, que se encuentra a 90 metros del suelo, hasta que llegan a la zona de frenada, debes saber que la altura que alcanzan durante su vuelo no supera los 6 metros.

291

El Torneo de los Cuatro Trampolines

Nació en verano de 1949 de la mano de los miembros de los clubes de Innsbruck y de Garmisch-Partenkirchen, aunque no se consideró un torneo oficial hasta mayo de 1952. Poco podían imaginar sus impulsores que el torneo adquiriría tanta popularidad y que se convertiría en uno de los eventos con mayor prestigio del mundo.

Está integrado en la Copa del Mundo de saltos de esquí y se compone de cuatro pruebas que se desarrollan en cuatro sedes: dos ciudades alemanas, Oberstdorf y Garmisch-Partenkirchen, y dos austriacas, Innsbruck y Bischofshofe. En cada una de esas ciudades se dedican dos días a los saltos: el primero, la fase de clasificación, y el segundo, la final.

La competición más famosa, sin lugar a duda, es la que se celebra el 1 de enero: los saltos de esquí de Año Nuevo, que se disputan en el trampolín de Garmisch-Partenkirchen, en Alemania. En esta localización fue donde se compitió en los Juegos Olímpicos de Invierno de 1936.

292

Medallista con medio siglo de retraso

Este fue el caso de Andres Haugen, un saltador de esquí que participó en la primera edición de los Juegos de Invierno, la de 1924 celebrada en Chamonix.

El estadounidense quedó en cuarto lugar. Pese a que su salto había sido espectacular, suscitó algunas dudas. El saltador aceptó la decisión de los jueces sin rechistar, pero, medio siglo más tarde, otro atleta de aquella época hizo ver que la puntuación que le había sido otorgada a Haugen no era la correcta.

En 1974, la organización viajó al país natal de Haugen y, por fin, a sus 85 años de edad, le otorgaron la medalla de bronce que merecía.

293

V de victoria

La que Jan Boklov les ayudaría a obtener a los saltadores de esquí gracias a su técnica en V. En 1985, el sueco empezó a aplicar esta técnica, que consistía en levantar los esquís y separar las puntas en forma de V al efectuar el salto: de este modo, se ampliaba la longitud del vuelo y, además, se conseguía mayor aerodinámica. Inicialmente no lo tomaron en serio, incluso los jueces penalizaban la aplicación de esta técnica por no mantener los esquís paralelos, pero a principios de los años noventa ya todos empleaban su estilo.

294

Lo importante no es ganar, sino participar

Esas fueron las palabras de Eddie Edwards, emulando al fundador Pierre de Coubertin tras quedar en último lugar en salto de esquí en los Juegos Olímpicos de Invierno de Calgary 1988. Este obrero de profesión, que representó a Gran Bretaña por primera vez en una edición de invierno, tuvo que superar muchas vicisitudes para lograr clasificarse, pero cumplir su sueño lo hizo saltar a la fama y ganarse el apodo de Eddie el Águila. Años más tarde, Taron Egerton protagonizó la película *Eddie the Eagle*, basada en la vida del esquiador británico.

Pero eso no fue todo, pues su actuación en los Juegos hizo que se instaurara una nueva norma, llamada, precisamente, «regla de Eddie el Águila»: establecía que los atletas que antes de ser seleccionados para los Juegos no hubieran mostrado sus habilidades en Campeonatos de Europa o del Mundo no podían participar en las Olimpiadas.

Snowboard

295

Icono del snowboard

¿Su nombre? Shaun White, apodado Tomate Volador en alusión a su melena pelirroja, fue un maestro del halfpipe ya desde bien joven. Participó en cinco ediciones de los Juegos de Invierno y consiguió hacerse con tres oros. Se retiró de la competición profesional en 2022, pero hoy en día sigue siendo el snowboarder mejor pagado de todos los tiempos.

296

La más jovencita

Chloe Kim, que nació en el año 2000, se convirtió en la campeona olímpica más joven al llevarse el oro en snowboard en la edición de Pyeongchang 2018, con tan solo diecisiete años.

En esta cita, consiguió una puntuación casi perfecta (98,25) y fue la primera en encadenar dos 1080 en el halfpipe; sus seguidores en las redes crecieron como la espuma y, en 2022, no los defraudó y repitió la hazaña: no en volver a ser la más joven, sino en llevarse de nuevo el oro. Un dos de dos hasta la fecha para la estadounidense.

DEPORTES DE MOTOR

Automovilismo
Fórmula 1

297

El pionero español

Francisco Godia Sales fue el primer español en participar en Fórmula 1. Su afición por el automovilismo lo llevó a constituir la primera escudería española, Auto Españolas, e hizo su debut como piloto al volante de un Maserati en el Gran Premio de España de 1951, que se disputó en Pedralbes. Paco Godia no solo fue un pionero por representar a los españoles en la Fórmula 1, sino que también por el legado que dejó: participó en la creación del Circuit de Barcelona-Catalunya —conocido también como Circuito de Montmeló—, el cual no pudo llegar a ver finalizado porque falleció unos años antes.

298

De nuevo, el marqués de Portago

Por si conseguir la única medalla que los españoles se han llevado en bobsleigh fuera poco, el marqués Alfonso de Portago fue el primer español que condujo para Ferrari y, el mismo año que constituyó el primer equipo de bobsleigh español, 1956, también fue el primer piloto español que, en Fórmula 1, logró subirse al podio en el Gran Premio de Gran Bretaña.

Muchos fueron los deportes que el aristócrata practicó: automovilismo, aviación, bobsleigh, golf, polo, tenis... Y, sin duda, hubiera seguido probando suerte en muchos más, pero, desgraciadamente, falleció un año después de ganar su medalla de bobsleigh en un trágico accidente automovilístico mientras disputaba el rali de la Mille Miglia.

299

La primera mujer al volante de un monoplaza

En 1958, y por primera vez en la historia de la Fórmula 1, una mujer participó en una carrera. Al volante de un Maserati 250F, Maria Teresa de Filippis hizo historia en el Gran Premio de Mónaco. Pese a que no consiguió clasificarse para la gran carrera del domingo, se convirtió en toda una pionera en una época y en un contexto complicado para las mujeres. Unos meses más tarde, logró correr en el Gran Premio de Bélgica: partió en 19.ª posición y logró acabar en la 10.ª. En total participó en 5 grandes premios y lo hizo en Maserati y Porsche.

300

Ser un fitipaldi

Emerson Fittipaldi, el expiloto brasileño de Fórmula 1, no fue quien más títulos ganó —14 victorias, 35 podios y 2 Campeonatos del Mundo, en 1972 y 1974—, ni tampoco era el más veloz. Sin embargo, su apellido se acabó convirtiendo en un adjetivo plagado de connotaciones debido a su estilo de conducción. «Ser un fitipaldi» no solo significa correr a mucha velocidad, sino también hacerlo de un modo temerario.

301

Tres veces quince

Es el número que ha marcado parte de la vida del expiloto de Fórmula 1 Alessandro Zanardi, que compitió entre los años 1991 y 1999 en las escuderías de Williams, Jordan, Minardi y Lotus.

El 15 de septiembre de 2001 sufrió un gravísimo accidente en la competición de CART de Lausitzring (Alemania) que le costó las dos piernas; aun así, supo sobreponerse y encontró de nuevo la motivación en el ciclismo de mano.

En los Juegos Paralímpicos de Londres 2012 ganó tres medallas. Y, el 15 de septiembre de 2016 —transcurridos quince años desde el fatídico accidente—, se hizo con la medalla de plata en la disciplina de ruta en bicicleta de mano en los Paralímpicos de Río de Janeiro. Un día después, ganó también el oro en la prueba contrarreloj de la categoría H5.

302

La batalla de los neumáticos

Sucedió en el Gran Premio de Estados Unidos de 2005, año en el que se introdujo la regla de que en la ronda de clasificación y en la carrera solo podía emplearse un juego de neumáticos.

Los de Michelin estaban dando problemas y ponían seriamente en riesgo la vida de los pilotos, por lo que, en un intento por subsanar el problema, propusieron crear una chicane (una serie de curvas pronunciadas para que los pilotos forzosamente hubieran de reducir la velocidad), pero la propuesta no fraguó.

La Federación Internacional del Automóvil (FIA), el máximo órgano rector del automovilismo a escala mundial, hizo una contrapropuesta: eliminar la prohibición de usar un solo juego de neumáticos en toda la carrera y usar un limitador de velocidad. Eso, sin embargo, obligaba a los pilotos a pasar por el *pit lane* en cada vuelta y está claro que competirían en desventaja frente a las escuderías que empleaban Bridgestone, la otra marca en discordia, que podía correr a velocidades normales.

Finalmente, en la vuelta de formación, los catorce pilotos que utilizaban Michelin entraron en boxes y se negaron a participar. Solo quedaron seis monoplazas en la parrilla de salida, los de Bridgestone. El resultado fue la que probablemente se convirtió en la carrera más nefasta de la Fórmula 1.

303

El manguerazo de Massa

El Gran Premio de Singapur de 2008 fue una carrera histórica por varios motivos. A saber: fue la primera de la historia de Fórmula 1 que se disputaba de noche, la primera que Fernando Alonso ganó ese año y la primera que Renault ganó tras dos años sin conseguirlo. Pero no solo eso, sino que también fue la carrera en la que Felipe Massa vivió una experiencia que no olvidaría en su vida (probablemente, tampoco ninguno de los espectadores que lo presenciaron).

Felipe Massa, que corría en Ferrari y que estaba a tan solo un punto de Hamilton, encabezaba la *pole*, o sea, ocupaba la primera posición en la parrilla de salida. Mantuvo esa posición durante las trece primeras vueltas. Fernando Alonso tuvo que entrar en el *pit lane* antes de lo esperado. Dos vueltas más tarde, Nelsinho Piquet tuvo un accidente en la curva 17 y tuvo que salir el *safety car* —por aquel entonces, el reglamento indicaba que al salir el *safety car* no se podía parar en boxes y, si se hacía, era obligatorio repostar—, por lo que Alonso se convirtió en líder virtual de la carrera. Cuando Massa entró y el semáforo de Ferrari se puso en verde, no había acabado de repostar; Massa arrancó, pero la manguera no se había desenganchado, de modo que tuvo que parar al final del *pit lane* para que se la quitaran y pudiera continuar. El desenlace de tal tragicómico episodio dio la victoria a Fernando Alonso, que lejos veía la posibilidad de hacerse con ella, y le concedió el Mundial a Hamilton.

Pero la historia no quedó ahí: un año después, Piquet reveló que el accidente había sido provocado a propósito con intención de darle ventaja a su compañero de escudería. Massa reclamó su título de 2008, aunque no parece que pueda tener un final feliz.

304

La parada más rápida en boxes

Fue la que hizo Lando Norris en el Gran Premio de Catar de 2023. Un cambio de neumáticos de tan solo 1,80 segundos, el récord mundial que batió la anterior marca por 2 centésimas de segundo. Marca, por otra parte, que había conseguido Max Verstappen con su Red Bull en el Gran Premio de Alemania de 2019.

305

Verstappen jugaba a ser Alonso

Max Verstappen, el piloto de Red Bull que, lo mismo que Alonso en 2005, consiguió derrotar a un heptacampeón en 2021, cuando era pequeño escogía en los videojuegos el Renault azul y amarillo de Alonso porque, tal como reconoció él mismo, se sentía identificado con el estilo de pilotaje del asturiano.

306

Unos orígenes legendarios

Al puro estilo de las películas de acción: así es como nació la NASCAR (National Association for Stock Car Auto Racing), una de las competiciones automovilísticas más aclamadas en Estados Unidos.

Cuenta la leyenda que todo se inició durante la ley seca, cuando la fabricación, la venta y el consumo de alcohol estaban prohibidos y los contrabandistas, para escabullirse a toda velocidad de la policía, empezaron a trucar sus coches. Competir en carreras de coches trucados se convirtió en uno de los pasatiempos favoritos y proliferaron por doquier. Sin embargo, no había un nexo que las uniera, hasta que Bill France reunió a todos los promotores de carreras y, el 15 de febrero de 1948, se disputó la primera carrera oficial en Daytona.

307

Lo que marca la diferencia

Cuando pensamos en NASCAR, rápidamente acuden a nuestra mente los circuitos ovalados, pero ¿son todas las pistas iguales?

No, no lo son, aunque la mayoría son ovalados, porque las primeras competiciones se disputaron en hipódromos, la longitud y la forma son distintas. Hay pistas con tres curvas (óvalo triple), con cuatro (óvalo cuádruple), también las hay ovaladas, pero desiguales por los extremos, e, incluso, triangulares. Asimismo, el grado de la inclinación y la longitud de las curvas son distintas, y la velocidad varía mucho según en qué circuito se corra. Los más conocidos son el Daytona International Speedway y el Indianapolis Motor Speedway, donde se corren las 500 millas de Daytona y las 500 millas de Indianápolis, respectivamente.

308

Todos juntos

Bien apelotonados, así es como circulan los monoplazas que compiten en la NASCAR. Adoptan esta formación por una sencilla razón: el vehículo que encabeza al pelotón se enfrenta a la resistencia del viento, mientras que quienes lo siguen aprovechan el rebufo; es decir, se benefician de que el primer piloto corte el viento y pueden circular a mayor velocidad con un desgaste menor.

Pero ¡ojo!, tal beneficio se convierte en un inconveniente cuando toca frenar; de ahí que al menor error pueda producirse un *big one*, o sea, un gran accidente colectivo.

309

Un brindis lácteo

Celebrar un triunfo descorchando una botella de leche en lugar de una de champán es algo, cuando menos, singular. Para los aficionados a la NASCAR quizá no parezca algo tan descabellado, pues están acostumbrados a verlo en las 500 millas de Indianápolis. Pero ¿de dónde proviene esta curiosa tradición?

De la costumbre del piloto Louis Meyer de beber un vaso de suero de leche para refrescarse tras una carrera. Lo hizo en 1933 tras proclamarse campeón y lo repitió con su nuevo triunfo en 1936, pero en esa ocasión el objetivo de la cámara lo capturó y se hizo tan popular que la Asociación de Ganaderos de Indiana consiguió que se instaurara como costumbre desde 1956 ofreciendo un extra económico al ganador que celebrara su victoria con una botella de leche.

Las 24 horas de Le Mans

310

Que no baje el telón

Así sucedió en las 24 horas de Le Mans el 11 de junio de 1955. Pese al trágico accidente, probablemente el más terrible de la historia del ámbito automovilístico, la carrera no se detuvo. Los restos en llamas del Mercedes del francés Pierre Levegh, que circulaba a más de 200 kilómetros por hora, salieron catapultados fuera de la pista y se precipitaron sobre el público: el piloto y 84 espectadores fallecieron, mientras que un centenar más resultaron heridos. El show, sin embargo, debía continuar. Según la organización, se decidió no suspender la carrera para evitar que cundiera el pánico, lo que habría dificultado las labores de rescate.

Ralis

311

Lo de menos es el piloto

El primer rali tiene ya más de un siglo de historia; se celebró en 1911 en Montecarlo, pero el Campeonato del Mundo de Ralis (WRC, por su sigla en inglés) hubo de esperar medio siglo hasta materializarse (1973).

El primer ganador fue Alpine, la marca francesa. ¿Qué piloto se llevó el triunfo? Es lo de menos, pues en los inicios del WRC lo que importaba era el coche, no el humano. No fue hasta 1979 cuando se le reconoció el mérito a un piloto y fue coronado: el primero en recibir los honores fue Björn Waldegård.

312

Un campeonato todoterreno

El Campeonato del Mundo de Ralis consta de entre doce y dieciséis ralis que se disputan en los cinco continentes. A su vez, cada rali se compone de entre quince y veinticinco etapas especiales. En cada etapa se recorren entre 10 y 50 kilómetros, por lo que el recorrido completo de cada uno de los ralis tiene una longitud de unos 350 kilómetros. Nada queda fuera del recorrido del WRC: tierra, grava, rocas, asfalto... Los pilotos deben soportar unas condiciones climáticas que pueden implicar desde conducir por nieve hasta soportar temperaturas de más de 42 °C. Todo un reto que lo convierte en un evento único y en el que los pilotos deben mostrar su pericia y grandes habilidades.

Rai Dakar

313

Perdido por el desierto

La traumática experiencia que Thierry Sabine vivió en 1977 al perderse en el desierto de Teneré (Níger) cuando competía en su moto en el rali Abiyán-Niza, sumada a una pizca de imaginación, es lo que llevó al piloto a trazar un recorrido que se iniciaría en Francia y finalizaría en Dakar. Su idea sedujo y cuajó: así fue como se originó una de las competiciones más duras del mundo del motor, que arrancó el 26 de diciembre de 1978.

314

Un rali con inicio en tres continentes

Sí, así es. Pese a ser conocido como Rali París-Dakar, porque este era el recorrido originario, en 1992, cambió de ubicación y acabó en Ciudad del Cabo. Desde 1994, el punto de partida también cambia.

En 1995, 1996 y 1999 partió desde Granada y en 2005 desde Barcelona; las ediciones de 2006 y 2007 arrancaron en Lisboa. Desde entonces, ya no volvería a iniciarse en una ciudad europea, como tampoco finalizaría más en África.

En 2008, debido a una amenaza terrorista, el rali no se disputó por primera vez en la historia. En 2009, este desafío cambió de nombre y también de continente: se trasladó a Sudamérica, donde se celebró hasta que hace cinco ediciones volvió a mudarse, esta vez al continente asiático, más concretamente, a Oriente Próximo.

315

Los victoriosos

El piloto que más victorias ha cosechado en el Rali Dakar es el francés Stéphane Peterhansel, que entre 1991 y 1998 ganó seis veces en la categoría de motos y entre 2004 y 2021 se hizo con ocho títulos más en la de coches.

El español Marc Coma ocupa la cuarta posición en el ranking de pilotos con mayor número de victorias, junto con los franceses Cyril Despres y Cyril Neveu, y el catarí Nassr Al Attiyah. El catalán consiguió reunir cinco títulos en la categoría de motos (2006, 2009, 2011, 2014 y 2015).

El piloto de la categoría de coches con más victorias es Carlos Sainz (2010, 2018, 2020 y 2024) igualado con el finlandés Ari Vatanen, el italiano Edi Orioli y el ruso Eduard Nikolaev.

Solo otros dos pilotos españoles se han proclamado vencedores en alguna ocasión en este trepidante evento: Nani Roma, con un título en motos (2004) y otro en coches (2014), y Juan Morera, en la categoría de vehículos clásicos (2023).

316

Dakar de color de rosa

Y es que no asociarlos es impensable: el color rosa es inherente al Rali Dakar. ¿Por qué esta relación? Pues porque el rali acababa en el lago Rosa, que se encuentra a 35 kilómetros al norte de Dakar.

Como es de suponer, el nombre del lago nos permite hacernos una clara idea de qué aspecto tiene; su brillante color rosa se debe a la *Dunaliella salina*, una microalga que vive en aguas muy salinas y que desprende un pigmento rojo, porque, a pesar de ser de color verde, acumula grandes cantidades de betacaroteno.

Motociclismo
MotoGP

317

El nacimiento

Pese a que MotoGP, la categoría reina del motociclismo, es bastante joven —nació oficialmente en 2002—, mucho antes ya se habían disputado carreras y, en 1949, tuvo lugar el primer Mundial de Motociclismo organizado por la Federación Internacional de Motociclismo (FIM).

La primera carrera que se disputó en la categoría de 250 cc y la de 350 cc fue el Gran Premio del Ulster; la primera de 500 cc fue la de la Isla de Man en el circuito TT y el ganador fue Harold Daniell, uno de los mejores pilotos británicos de aquella época.

318

El rey de los Mundiales

Giacomo Agostini no es el piloto que más títulos tiene —entre 1963 y 1977, disputó 194 carreras, de las que se proclamó vencedor en 122—, pero sí es el piloto que más Mundiales ha ganado: nada más y nada menos que 8 veces.

319

No vendas la piel del oso antes de cazarlo

En el Gran Premio de Catalunya, en 2009, el piloto toledano Julián Simón lideraba la carrera de 125 cc, cuando cometió un error garrafal: al cruzar la línea de meta, alzó los brazos para celebrar su victoria. El caso es que no había bandera de cuadros, porque... ¡aún le quedaba una vuelta más por dar! Un despiste que hizo que Andrea Lannone, Nico Terol y Sergio Gadea, que no soltaron gas, lo adelantaran y se subieran al podio. Pese al desatino, logró resarcirse y quedar en cuarta posición.

320

La tumbada más brutal

La media de inclinación con respecto al pavimento sobre MotoGP es de unos 60 grados. Pero Marc Márquez, que tiene un estilo de pilotaje más agresivo y desafía a la gravedad continuamente, logró el récord de inclinación en 2019, en una sesión de entrenamiento adicional tras el Grand Prix de Australia, que se celebra en el circuito de Phillip Island. El piloto de Cervera llegó a inclinarse 70,8 grados... ¡sin caerse!

321

A toda velocidad

Que las motos cada vez son más rápidas y se baten récords de velocidad cada vez más pasmosos es más que evidente. Cada vez son más los pilotos que logran superar los 350 km/h en algún tramo de la carrera, pero el récord actual pertenece a Brad Binder, que con su KTM logró alcanzar los 366,1 km/h en la recta de salida de la sprint del GP de Italia 2023, en Mugello. El circuito de Mugello, por otra parte, es en el que más récords de velocidad se han conseguido.

322

Respiración de infarto

¿Te imaginas que tuviéramos que respirar 25 veces en un segundo? Pues ese sería el equivalente al aire que debe entrar en el motor de una MotoGP. O sea, estas motos, a máxima potencia, se ponen a unas 1.800 revoluciones por minuto, eso quiere decir que las válvulas se abren y se cierran 150 veces por segundo para que el aire logre entrar.

323

De 0 a 100

Las MotoGP están preparadas para pasar de 0 km/h a 100 km/h en tan solo 2,5 segundos, pero las frenadas también son de escándalo.

Los discos de freno pueden pasar de los 250 °C a los 800 °C solo en 6 segundos y el piloto también debe soportar grandes fuerzas de frenado, más o menos como si tuvieran que llevar a cuestas a una persona de unos 60 kilos en la espalda yendo a 350 km/h. En una carrera, los pilotos frenan aproximadamente un 25 % del tiempo que pasan en pista.

Está claro que deben estar en muy buena forma física. Así pues, no es de extrañar que los pilotos combinen la MotoGP con otros deportes, como Alex Espargaró, que practica ciclismo en carretera, o Johann Zarco, que hace escalada.

324

Ante todo, seguridad

Es lo que caracteriza los monos que se calzan los pilotos de MotoGP para disputar cualquier gran premio: un mono de cuero cosido a mano; fabricado con piel de canguro, que es la más resistente; equipado con un airbag interior, que protege el tronco superior de los impactos y con un sensor para detectar las caídas; protectores en codos, rodillas y hombros; y un depósito que se coloca en la joroba del mono para evitar la deshidratación, pues los pilotos suelen perder una media del 2 % de su peso corporal en cada carrera. ¿Sabrías decir cuánto pesa todo este armazón de seguridad? Pues, aproximadamente, entre 4 y 5 kilos.

325

El piloto más laureado

No es otro que el italiano Valentino Rossi, que en los 22 años que estuvo en MotoGP ganó 89 carreras de las 374 que disputó y en 199 de ellas logró subirse al podio. Además, fue campeón del mundo 7 veces. Está claro que es todo un icono de este deporte.

326

El piloto español más laureado

Con 59 victorias y 100 podios de las 154 carreras en las que ha corrido hasta ahora, Marc Márquez es el piloto español con más títulos a sus espaldas. Ha sido el piloto más joven en ganar una carrera y un campeonato, y se ha proclamado campeón del mundo en 6 ocasiones. Y lo que le queda...

Motocross

327

Los orígenes

Los orígenes del motocross se remontan al *cross country* (carreras de campo a través). Su nombre se forma al unir la abreviatura de motocicleta («moto») y la parte inicial de la fórmula inglesa *cross country* («cross»). El motocross nació en Inglaterra a inicios del siglo XX, cuando los pilotos empezaron a correr por pistas de tierra con motos de asfalto, pero no se popularizó hasta cruzar el océano hasta llegar a Estados Unidos.

328

Motocross y tecnología van de la mano

Las motos han evolucionado muchísimo desde sus inicios y las innovaciones tecnológicas son numerosas: suspensión, motores de alto rendimiento, a dos tiempos y a cuatro tiempos han hecho del motocross uno de los deportes que deslumbran por su espectacularidad, especialmente en Estados Unidos, donde se ha convertido en uno de los deportes de motor más importantes.

329

Reglas no escritas

Los pilotos que dominan las pistas de motocross, como cualquier otro deportista, deben conocer la reglamentación de su disciplina deportiva, pero ¿sabías que todo buen piloto, además de ser conocedor de estas normas, debe tener en cuenta una serie de reglas no escritas? Para aquel que no lo sepa, aquí va una breve lista:

- No mires hacia atrás, se pierde tiempo y es una muestra de debilidad.
- Prepárate para caer más que para el podio, probablemente sufras más caídas que trofeos obtendrás.
- Utiliza el mejor equipo de protección, conviene estar bien preparado para la cantidad de veces que caerás y nunca te quites las gafas, porque la tierra que levantan las ruedas puede cegarte.
- Conoce tu moto hasta el último detalle y no experimentes el día de la carrera.
- Sé respetuoso con los pilotos más lentos, especialmente con aquellos a los que vayas a doblar, nunca se sabe cuándo la situación puede cambiar.

Lo más importante a la hora de practicar este deporte, sin duda alguna, es divertirse.

Trial

330

Una especialidad única

Lo más probable es que al pensar en motociclismo lo relacionemos con las carreras y la velocidad, y quizá por ello asociar motos a precisión y técnica suene menos atractivo. Sin embargo, y pese que a que las carreras de MotoGP gocen de mayor popularidad entre los amantes del motor, no son pocos los aficionados al trial.

El trial es un deporte de habilidad que consiste en superar obstáculos con la moto sin que el piloto ponga un pie en el suelo, una simbiosis perfecta entre piloto y moto que lo convierten en una de las modalidades más interesantes del motociclismo. Prueba de ello es que cuenta entre sus seguidores con otros pilotos del mundo del motor: de MotoGP, como Marc Márquez o Dani Pedrosa; de Fórmula 1, como el expiloto Mark Webber, o incluso de pilotos de ralis, como el campeón del mundo Sebastien Loeb.

331

En la ligereza está el secreto

Eso es, aquí radica el secreto de una buena moto de trial. ¿Sabías que pesan menos que sus pilotos? Sus menos de 70 kilos, el propulsor de un solo cilindro de entre 250 cc y 300 cc, un motor escondido en el chasis con una capacidad minúscula de 2,7 litros y la ausencia de asiento hacen de estas motos el mejor artefacto para mantener el equilibrio y enfrentarse a las leyes de la física, pues lo que importa no es la potencia ni la velocidad, sino su manejabilidad, además del aplomo y la capacidad del piloto para desafiar la gravedad.

OTRAS COMPETICIONES

Ajedrez

332

Una etapa del Tour de Francia desde la mesa

Largo y tendido se ha debatido sobre si el ajedrez debía ser o no considerado un deporte y, pese a que el COI lo reconoció como tal en el año 1999, muchos son los detractores que argumentan que no requiere un esfuerzo físico, pero ¿sabías que, según Robert Sapolsky, profesor de neurología de la Universidad de Stanford (California, EE. UU.), en una competición, un ajedrecista puede quemar entre seis mil y siete mil calorías al día? ¡Prácticamente lo mismo que al correr una etapa del Tour de Francia o una maratón!

Bicipolo

333

Cambio un caballo por una bicicleta

Y poder así practicar bicipolo: un deporte muy similar al polo, pero a lomos de una bicicleta en lugar de un caballo.

Fue creado en 1891 por un irlandés, Richard J. Mecredy, y se difundió por Europa durante el siglo XX. Llegó, incluso, a ser deporte de exhibición en la edición de los Juegos Olímpicos celebrada en Londres en 1908. Hay dos modalidades: la más tradicional, que se desarrolla en un campo de césped y en la que participan dos equipos de cuatro miembros, y la más moderna, que se traslada al asfalto y en la que el número de jugadores se reduce a tres.

Bossaball

334

Un deporte con mucho ritmo

Lo creó entre 2003 y 2005 un belga afincado en España, Filip Eyckmans. Tras viajar a Brasil, quedó prendado de las vibraciones positivas que aportan la capoeira, la música y los atardeceres en la playa, y quiso conjugarlo con el deporte.

El *bossaball*, cuyo nombre de raíces brasileñas ya es de por sí sugerente, fusiona los gráciles y fluidos movimientos de la danza con disciplinas tan variopintas como el fútbol, el vóley playa y la gimnasia, pero ¡ojo!, este deporte de pelota se practica sobre colchones hinchables con camas elásticas y al ritmo de la música.

Bo-taoshi

335

¿Un deporte o una batalla? Esa es la cuestión

El *bo-taoshi* es un deporte japonés de origen incierto, aunque algunos historiadores indican que se remonta a 1868 y otros que sus raíces se encuentran en la Academia Nacional de Autodefensa, donde se practica.

En este deporte, 150 jugadores distribuidos en dos equipos de 75 cada uno se enfrentan con el objetivo de derribar un poste que se halla en el campo contrario y sobre el que se coloca un «ninja», o «mono», que se encarga de protegerlo. Se desarrolla en un campo de 300 metros y hay que conseguir bien que el poste se incline 30°, bien que se alce del suelo por completo en tan solo 90 segundos.

Ver un partido de *bo-taoshi*, que es una mezcla de rugby y artes marciales, suscita serias dudas sobre si se trata de un deporte o más bien una batalla, pues no hay restricciones —salvo por la prohibición de morder— y los jugadores van a toda clase de tretas —empujones, pisotones— con tal de lograr el objetivo.

Bridge

336

El único deporte de cartas

Sí, así es, un juego de mesa que se practica con una baraja de cartas. En 1999, el COI reconoció el bridge, cuando también lo hizo con el ajedrez, como deporte. Ambos cuentan con una federación, la Federación Internacional de Ajedrez (FIDE, por su sigla en francés) y la Federación Mundial de Bridge (WBF, por su sigla en inglés), que el COI también reconoce como federaciones olímpicas. Pese a que ni el bridge ni el ajedrez participan en los Juegos Olímpicos, gozan del mismo estatus que los demás deportes que sí están incluidos en el programa olímpico.

Fútbol florentino

337

El fútbol en el que todo vale

Nació en Florencia en la última etapa de la Edad Media y, aunque desde entonces el *calcio storico* florentino —que puede considerarse un rudimentario predecesor del fútbol, combinado con el rugby y la lucha libre— ha cambiado algo, aún se rige por muchas de las reglas que Giovanni de' Bardi creó en 1580. Al principio, se jugaba en invierno, luego ya pasó a practicarse en verano: concretamente el 24 de junio, coincidiendo con el día de San Giovanni, el patrón de Florencia.

Los equipos se componen de 27 jugadores y el objetivo es conseguir llevar el balón a la meta del equipo rival. Para lograrlo, todo vale: no hay restricciones ni para los atacantes ni para los defensores, por lo que en el terreno de juego puede observarse una verdadera batalla campal. Hoy en día se han limitado algunas acciones para restarle algo de violencia y peligrosidad.

Chap Olympiad

338

Olimpiadas de Gente Bien

Este evento deportivo, o más bien antideportivo, pero plagado de humor e ideado por la revista satírica *The Chap*, se celebra cada año en Londres y reúne las pruebas más bizarras a modo de parodia de los Juegos Olímpicos.

Los asistentes acuden a la cita ataviados con atuendos *vintage* y los participantes compiten en eventos de lo más extravagantes, como las carreras de cucharas, la justa de paraguas o el *tea pursuit*. Otras pruebas consisten en anudar corbatas, molestar a los mayordomos o jugar al «no tenis» o al croquet para señores; la habilidad deportiva no es, precisamente, lo que más se valora. Esperpéntico, ¿no?

Chess boxing

339

¿Un jaque mate o un nocaut?

¿En qué se parece un huevo a una castaña? ¿Y el boxeo y el ajedrez? Pues, por raro que parezca, esta combinación se da la mano en el *chess boxing*, una suerte de enfrentamiento en el que el ring se traslada al tablero de ajedrez; dividido en 11 asaltos (6 de ellos de ajedrez de 4 minutos cada uno y 5 de boxeo de 3 minutos) se alterna fuerza física y fuerza mental. Tan válido es un jaque como un nocaut para proclamarse vencedor.

Ciclobol

340

Con un balón en las ruedas

¿Imaginas cómo sería jugar al fútbol en bicicleta? Pues este deporte ya existe, lo ideó Nicholas Edward Kaufmann en 1929 y está regulado por la Unión Ciclista Internacional (UCI); desde que se fundó ya disfrutó de un Campeonato del Mundo.

Los partidos se disputan en una pista de fútbol sala y es como un partido de fútbol en toda regla, con sus pases, sus regates, sus goles..., pero el encuentro del dos contra dos solo puede hacerse a lomos de una bicicleta. Y lo más importante: en los catorce minutos de juego (siete por parte) ¡está prohibido poner los pies en el suelo!

Concursos de leñadores

341

El arte del hacha

Se requiere arte y técnica para ser el más rápido talando árboles. En eso consisten los concursos de leñadores, pues en los campeonatos mundiales las mejores puntuaciones recaen en los leñadores que demuestran sus habilidades en la tala de madera, los que son más rápidos y más precisos.

El Campeonato Mundial de Leñadores de Wisconsin es uno de los más populares. Se inició en 1960 y, con el tiempo, fue evolucionando hasta convertirse en un evento internacional que también es un festival y que atrae a cada vez más participantes —tanto hombres como mujeres— de Estados Unidos, Canadá, Australia y Nueva Zelanda.

En el festival, que dura tres días, se disputan veintiuna pruebas, todas relacionadas con la madera: cortar troncos, serrarlos, correr sobre ellos, hacerlos rodar, trepar, lanzar hachas... El Campeonato Mundial de Leñadores incluye, además, una carrera de leñadores de 5 kilómetros como pistoletazo de salida.

Cooper's Hill Cheese Rolling

342

El queso rodante

Si bien las carreras son uno de los deportes más antiguos, hay una muy singular que data de 1836 y se celebra todos los años el último lunes del mes de mayo en Gloucester (Inglaterra).

Se trata de la Cooper's Hill Cheese Rolling, o la carrera del queso rodante, que consiste en correr tras un queso doble Gloucester de 4 kilos que se echa a rodar colina abajo. El objetivo es atrapar el queso o quedar lo más próximo a este: los 182 metros colina abajo se convierten en un baile de volteretas de lo más estrambóticas con tal de llevarse el premio, que no es otro que el propio queso.

Curlin humano

343

Curlin a otro nivel

¿Cómo darle una vuelta de tuerca al peculiar deporte de invierno? Pues muy simple: sustituyendo la insólita piedra de granito de Ailsa Craig por un humano. Así es como se desarrolla el curlin humano, que nació en 2014 en Manitoba (Canadá) y su éxito fue casi instantáneo. En esta versión, el humano es quien se desliza por el hielo y es «barrido» por sus compañeros con el objetivo de dirigirlo hacia el objetivo.

Disc golf

344

Golf con frisbee

El disc golf es un deporte similar al golf tradicional, pero, en lugar de utilizar palos y bolas, se emplean discos voladores (frisbee) y, en vez de hoyos, la meta son canastas agarradas con cadenas para facilitar que el disco pare. El objetivo, como en el golf, es completar el recorrido del campo de dieciocho canastas (hoyos), lanzando el disco de una a otra en el menor número de tiros posible.

Deportes electrónicos

345

Los deportes electrónicos en las Olimpiadas

Por unanimidad, sin abstenciones y sin ningún voto en contra. Así es como se decidió, en la 142.ª Sesión del COI, que la primera edición de los Juegos Olímpicos de los Deportes Electrónicos se celebrará en Arabia Saudita en el año 2025. Según el COI, estos Juegos acogerán todas aquellas competiciones profesionales de videojuegos deportivos que cumplan los valores del olimpismo.

Eukonkanto

346

Cargar con la mujer

Es uno de los requisitos para competir en eukonkanto, un deporte practicado en los países nórdicos, cuya primera competición se celebró en Finlandia en 1992.

Cómo se cargue a cada mujer corre a cargo de la imaginación de cada uno: sobre los hombros, a caballito, colgando bocabajo y con las piernas agarradas al hombro o la cintura del corredor... Lo que sí es indispensable es que la mujer tenga más de 17 años y pese, por lo menos, 49 kg. De no ser así, debe cargar con una mochila para alcanzar el peso mínimo. El recorrido, de 253,5 metros, no es llano, para qué se iba a simplificar tanto, sino que está plagado de obstáculos: discurre por hierba, arena, grava y arroyos, uno de los cuales debe tener 1 metro de profundidad como mínimo.

El premio, sin duda, es tan singular como la carrera en sí, pues el ganador se lleva el peso de la mujer cargada en cerveza.

Planchado extremo

347

El summum de lo absurdo

Este fácilmente podría ser el calificativo del planchado extremo (*extreme ironing*), un deporte creado en Inglaterra por Phil Shaw, un trabajador de una fábrica de prendas de ropa que, además, también era aficionado a la escalada. Según explicó él mismo, quería conjugar «la emoción de una actividad extrema al aire libre con la satisfacción de una camisa bien planchada».

Así pues, como un guiño jocoso al *ironman*, surgió este estrambótico deporte en el que tanto da si practicas escalada, parapente, surf o submarinismo: la cuestión es que el planchado de la prenda de ropa quede niquelado.

Fierljeppen

348

De necesidad a deporte

Fierljeppen, palabra que procede del frisón —lengua germánica occidental que se habla en Frisia—, se compone de los términos *ljeppen* («saltar») y *fier* («lejos»), por lo que más o menos podemos deducir en qué consiste este deporte.

Nació en los Países Bajos como una manera de evitar mojarse en las aguas de los ríos y los canales; para esquivarlas, los granjeros usaban una vara y saltaban de un campo de cultivo a otro. Debido a la gran cantidad de canales que se generan en la geografía holandesa, porque está por debajo del nivel del mar, resultaba más práctico saltarlos que erigir un puente para cada uno.

La primera competición deportiva de esta práctica que surgió de una necesidad tuvo lugar en 1767 en Baard, pero no fue hasta 1975 cuando se establecieron unas reglas y se profesionalizó. Hoy en día, se celebra un campeonato nacional, una liga y una temporada completa de competiciones cada verano.

Podría decirse que este deporte es como un salto de pértiga, pero, en lugar de saltar por encima de una barra y de caer en una colchoneta, se salta una masa de agua y se aterriza en la tierra. Los deportistas corren por una plataforma hacia la garrocha —que mide entre 8 y 13 metros—, se agarran a esta y trepan tanto como pueden. El peso del cuerpo y la gravedad hacen el resto: la garrocha se va inclinando y el deportista salta lo más lejos posible de la orilla. No es tan importante la altura que se alcanza como la longitud. El récord actual, con un salto de 22,21 metros, lo consiguió Jaco de Groot en 2017.

Highlining

349

Al filo de lo imposible

De vértigo o, mejor dicho, sin vértigo hay que practicar este deporte no apto para cardiacos: en el *highlining*, los deportistas cruzan largas distancias sobre una cuerda de nilón bastante flexible suspendida en el vacío, normalmente en lugares extremos, como montañas o cañones que se encuentran a más de 40 metros de altitud. Pero, por si la adrenalina fuera poca, no solo cruzan de un punto a otro, sino que en su recorrido hacen alarde de las más espectaculares acrobacias.

Hurling

350

El deporte sin ley

El *hurling* es una mezcla de un poco de todo: similar al fútbol americano, al *soccer*, al hockey y al rugby. Es el deporte nacional de Irlanda y sus orígenes se remontan a dos mil años atrás. Está considerado Patrimonio Cultural Inmaterial de la Humanidad por la Unesco desde 2018. Pese a ser uno de los más raros, es bastante conocido.

En una cancha bien delimitada, los jugadores de los equipos —quince por cada uno en la versión sénior— usan un bastón de madera similar al que se emplea en hockey, pero acabado en una pala por uno de los extremos y que mide entre 70 y 100 centímetros de largo (*hurley*). Con él empujan una pelota de 6,5 centímetros de diámetro (*sliotar*), que es un poco más pequeña que una bola de béisbol, con el objetivo de introducirla en la meta del adversario. Lo interesante es que no existen las faltas, por lo que los jugadores están preparados para dar y recibir golpes en el desarrollo de los partidos.

Kabaddi

351

Que el canto no pare...

Esta es la consigna que debe seguir el *raider* en *kabaddi*. En este popular deporte originario de la India, que se practica en el sudeste asiático, dos equipos compuestos por siete miembros se dividen en atacantes (*raiders*) y defensores. El objetivo es anotar el mayor número de puntos posibles, ¿cómo? Pues el equipo atacante manda a uno de sus miembros al campo contrario y este debe tocar a uno o varios de los rivales y regresar a su propio campo en menos de 30 segundos.

Lo más curioso es que durante el ataque ¡no puede respirar! Es por ello por lo que, para demostrar que está aguantando la respiración durante su incursión, debe cantar ininterrumpidamente pronunciando la palabra *kabaddi* (que significa «canto» en India y Pakistán), pero no sirve hacerlo de cualquier manera: el ritmo y el tono son primordiales.

Carrera de escaleras

352

El deporte de los bomberos

Este es la carrera de escaleras (*ladder racing*), que empezó como una competición entre parques de bomberos y que se ha extendido de manera exponencial, no solo en Estados Unidos, donde tiene su cuna, sino hasta el punto de ser una de las disciplinas del programa de los Juegos Mundiales de Bomberos y Policías en los que participan más de setenta países.

La carrera de escaleras empieza en un vehículo en el que van subidos los bomberos y en el que llevan una escalera; el vehículo avanza a toda velocidad hasta el punto en el que los participantes deben apearse, desplegar la escalera y subir por esta en el menor tiempo posible.

Lanzamiento de huevos

353

No hay huevos...

Sí, sí, en este deporte los hay, y en abundancia. El concurso de lanzamiento de huevos, que dispone de un campeonato mundial, tiene su origen en la parroquia de Swaton (Inglaterra). En 1322, el abad era el único que tenía gallinas y donaba los huevos a sus feligreses, pero, debido a las inundaciones que propiciaron las crecidas del río, solía lanzar los huevos de orilla a orilla. De este modo, surgió esta tradición, que acabó derivando en deporte.

En el campeonato se disputan varias pruebas, como lanzar el huevo al compañero sin que se rompa e ir aumentando progresivamente la distancia; el lanzamiento al blanco y, quizá el más popular, la ruleta rusa de los huevos. En esta última competición, sentados cara a cara, dos participantes deben romper huevos en la frente del adversario; los huevos están crudos, salvo uno cocido. Pierde, claro está, el que se topa con el huevo duro.

Lucha de dedos del pie

354

¿Echamos un pulso?

En eso consiste el *toe wrestling* (lucha de dedos del pie), cuyo campeonato mundial se celebra cada año en Ashbourne Heights (Inglaterra). Dos oponentes, descalzos, miden la fuerza de sus dedos gordos del pie; el objetivo es presionar el pie del adversario para que acabe tocando la pared del *toedium*, la plataforma especialmente construida para disputar esta competición. Gana el mejor de tres combates: se compite primero con el pie derecho, luego con el izquierdo y, para finalizar, de nuevo con el derecho.

Nalukataq

355

Manteo deportivo

Nalukataq, que para los inuit significa «manteo», es un deporte que forma parte de las pruebas de los Juegos Olímpicos Indoesquimales, que se celebran en Alaska desde 1961.

Unas cincuenta personas sacuden una manta fabricada con piel de ballena y cosida por los bordes con una cuerda en la que los participantes pueden agarrarse con el objetivo de alcanzar la mayor altura y aterrizar de pie sin caerse. Los jueces tienen en cuenta la altura que los saltadores alcanzan, la gracilidad de sus movimientos y el equilibrio.

Pelea de almohadas

356

Guerra de almohadas

Así es, un juego popular entre los niños que ha trascendido al ámbito deportivo. A almohadazo limpio es el modo en que los concursantes pueden ganar el Campeonato Mundial de Lucha de Almohadas, que se disputa sobre un ring en un combate a tres asaltos de 2 minutos cada uno. Prohibido: tocar con las manos y, para no jugar con desventaja, si una almohada sale volando, la pelea se detiene. Como noquear a alguien a base de almohadazos sería muy complicado, el ganador se decide por la cantidad de golpes acertados y el daño infligido durante el combate.

Patada en alto

357

Patada voladora

La patada en alto consiste en golpear una pelota que se halla atada a unos 2 metros de altura; lo difícil no parece tanto el salto —que lo es— como el hecho de que luego hay que aterrizar con la misma pierna con la que se ha chutado el balón sin ayuda de los brazos. Otra de las modalidades se efectúa con ambas piernas juntas y, evidentemente, hay que aterrizar con ambos pies a la vez. Este raro deporte es una de las diez disciplinas que se disputan en los Juegos Olímpicos Indoesquimales.

Quádbol

358

De la ficción a la realidad

Los orígenes del quádbol son bien claros; este deporte, que hasta 2022 se llamaba *quidditch muggle*, saltó de la gran pantalla al mundo real. Se basa en las reglas del juego ideado por J. K. Rowling, la autora de la saga de Harry Potter, pero sin el universo mágico que lo rodea, como es de suponer.

Las escobas mágicas se sustituyen por tubos de PVC que los jugadores llevan entre las piernas —por supuesto, deben sujetarlos con una mano—, mientras que el *snitch* —la pequeña bola dorada y alada difícil de atrapar— en la vida real no vuela, evidentemente, sino que se convierte en una bola que un árbitro lleva en un calcetín amarrado al pantalón con una cinta de velcro.

Por raro que parezca, muchos son los aficionados que lo practican, pero no todos son fanáticos de la saga; de ahí que las asociaciones y las federaciones de *quidditch* decidieran cambiarle el nombre. Por eso —desvincularse de la ficción y de su autora— y porque no poseían los derechos del nombre.

Rugby subacuático

359

Tirando de apnea

Así es, para practicar rugby subacuático, hay que ser un prodigio de la apnea, porque, como su nombre indica, se practica bajo el agua. Los jugadores van equipados con un tubo, aletas, gafas de buceo, protector para las orejas, gorro y bañador.

Se enfrentan dos equipos de doce jugadores, seis fuera de la piscina y los otros seis en el agua, de ahí que la indicación para lanzarse al agua y que se inicie el partido sea: *six in the water!* («¡seis en el agua!»). El objetivo es introducir una pelota con flotabilidad negativa —es decir, una pelota que no flota, sino que se hunde—, en las canastas metálicas, situadas a 4 metros de profundidad.

Se desarrolla en dos partes a reloj parado con una pausa entre las partes de 5 minutos; al no haber tiempo de descuento, si se empata, se juegan dos partes más con gol de oro; si, aun así, ninguno de los equipos resulta ganador, se desempata con una tanda de penaltis.

Tres árbitros supervisan el partido, uno desde la superficie y los otros dos a ambos lados de la pista en el fondo; ellos, sí, equipados con botellas de buceo para no perder detalle, porque deben supervisar tanto los goles como las faltas, los penaltis o el posible juego peligroso. Sí, sí, juego peligroso, porque, como en el rugby, el jugador que esté en posesión del balón puede ser agarrado y agarrar él mismo a otras personas, pero no puede hacerse por el cuello ni de manera que los instrumentos con los que van equipados puedan verse amenazados.

Salto de foca

360

Salto de foca

También llamado «salto de nudillo». ¿Te haces una idea de en qué consiste? Esta es otra de las pintorescas disciplinas que se incluyen en el programa de los Juegos Olímpicos Indoesquimales y consiste en practicar un salto para caer boca abajo sobre los nudillos y los dedos de los pies. El objetivo es recorrer la mayor distancia posible impulsándose tan solo con los nudillos sin que intervenga ninguna otra parte del cuerpo.

Futvóley

361

¿Fútbol + voleibol es posible?

Pues parece ser que sí. Por lo menos así es el futvóley, un deporte muy popular en el sudeste asiático, en el que los atletas —tres por equipo— deben golpear un balón para que pase al otro lado de la cancha por encima de una red que mide 1,55 metros de altura. Pero ¡ojo!, solo pueden golpearlo con los pies, la cabeza y el tronco: está prohibido tocarlo con las manos, por lo que los increíbles saltos lo convierten en un deporte de lo más espectacular.

Shin-kicking

362

Pegar la patada

¿Dónde? En la espinilla del oponente. En eso consiste el *shin-kicking*, un arte marcial nacido en Inglaterra y Gales que tiene más de cuatro siglos de historia.

Enfundados en unos pantalones largos rellenos de paja, los adversarios se agarran por los hombros y patean sin cesar hasta que uno de los dos acaba en el suelo. Pero ¡ojo!, solo vale golpear en las espinillas: golpear por encima de la rodilla está penalizado.

Slambol

363

El baloncesto acrobático

¿Te imaginas jugar al baloncesto usando trampolines? Pues así se juega a *slambol*, un deporte creado en 1999 en Estados Unidos, que se basa en el baloncesto: la cancha, el balón y las canastas son similares, pero delante de estas se disponen unos trampolines en los que los baloncestistas efectúan sus saltos para hacer sus espectaculares mates. Con el impulso pueden llegar a alcanzar, ojo al dato, ¡5 metros de altura!

Algunos aspectos difieren del baloncesto tradicional: cuatro jugadores, en lugar de cinco, disputan un partido en cuatro partes de 5 minutos; en cuanto a la puntuación, los tiros lejos de los trampolines cuenta como tres puntos, los que se anotan desde el trampolín, dos puntos, y los mates, tres puntos; y, por supuesto, para minimizar el riesgo de los jugadores, las paredes de la cancha son de plexiglás, como las de las pistas de hockey.

Tirón de orejas

364

Y no para felicitar a un cumpleañero

¿Puede haber un deporte más bizarro que este? Su propio nombre lo indica, no tiene mucho misterio saber en qué consiste.

Básicamente, dos oponentes, uno frente al otro, unen sus orejas con una goma elástica de 60 centímetros y tiran y tiran para comprobar quién tiene los cartílagos más fuertes. Visto con nuestros ojos tal vez parezca una salvajada, pero para la cultura esquimal es una muestra de resistencia que permite comprobar si se está preparado para soportar el dolor y sobrevivir en un medio un tanto hostil. Por raro que parezca, es uno de los deportes oficiales de los Juegos Olímpicos Indoesquimales, que se celebran en Alaska, y se practica desde hace más de medio siglo.

Yukigassen

365

Batalla de bolas de nieve

De *yuki* («nieve») y *kassen* («batalla») procede el nombre de este deporte japonés, *yukigassen*, que traducido sería «batalla de bolas de nieve» y cuyo primer torneo se celebró en 1989.

En este peculiar deporte, se enfrentan dos equipos de siete jugadores en una competición que se distribuye en tres partes de tres minutos cada una y se dedican a propinarse bolazos de nieve con tal de derribar a los adversarios, que, al ser alcanzados, quedan automáticamente descalificados. No sirve cualquier bola, están prefabricadas con moldes y deben tener el tamaño de una pelota de béisbol. Pero aún existe otra manera de ganar, que es robando la bandera del rival, aunque no resulta nada fácil escabullirse de los balazos al invadir el campo contrario.

365 CURIOSIDADES INCREÍBLES sobre el DEPORTE

Papel certificado por el Forest Stewardship Council®

MIXTO
Papel | Apoyando la silvicultura responsable
FSC® C117695

Penguin Random House Grupo Editorial

Primera edición: enero de 2025

Diseño del interior: Carol Borràs
Diseño de la cubierta: Candela Insua para Penguin Random House Grupo Editorial
Ilustraciones de la cubierta: iStockphoto

Printed in Spain — Impreso en España

ISBN: 978-84-272-4686-7
Depósito legal: B-19.257-2024

Compuesto por Carol Borràs
Impreso en Rodesa
Villatuerta (Navarra)

MO 46867